日帰り!

温泉&トレッキングガイド

静岡新聞社

目次

CONTENTS

本書の使い方　4

富士箱根エリア

No.01　明神ケ岳（神奈川県）　6
No.02　宝永山〜二ツ塚（静岡県）　12
No.03　越前岳（山梨県）　18
No.04　毛無山（静岡県〜山梨県）　24
No.05　十二ケ岳（山梨県）　30
No.06　三国山稜縦走（山梨県）　36

安倍川流域エリア

No.07　大谷嶺（静岡県）　42
No.08　井川峠〜笹山（静岡県）　48
No.09　大光山（静岡県）　54

大井川流域エリア

No.10　板取山〜沢口山（静岡県）　60
No.11　大札山（静岡県）　66

遠州エリア

No.12　熊伏山（静岡県／長野県）　72
No.13　岩岳山（静岡県）　78
No.14　小笠山（静岡県）　84
No.15　尉ケ峰（静岡県）　90
No.16　明神山（愛知県）　96

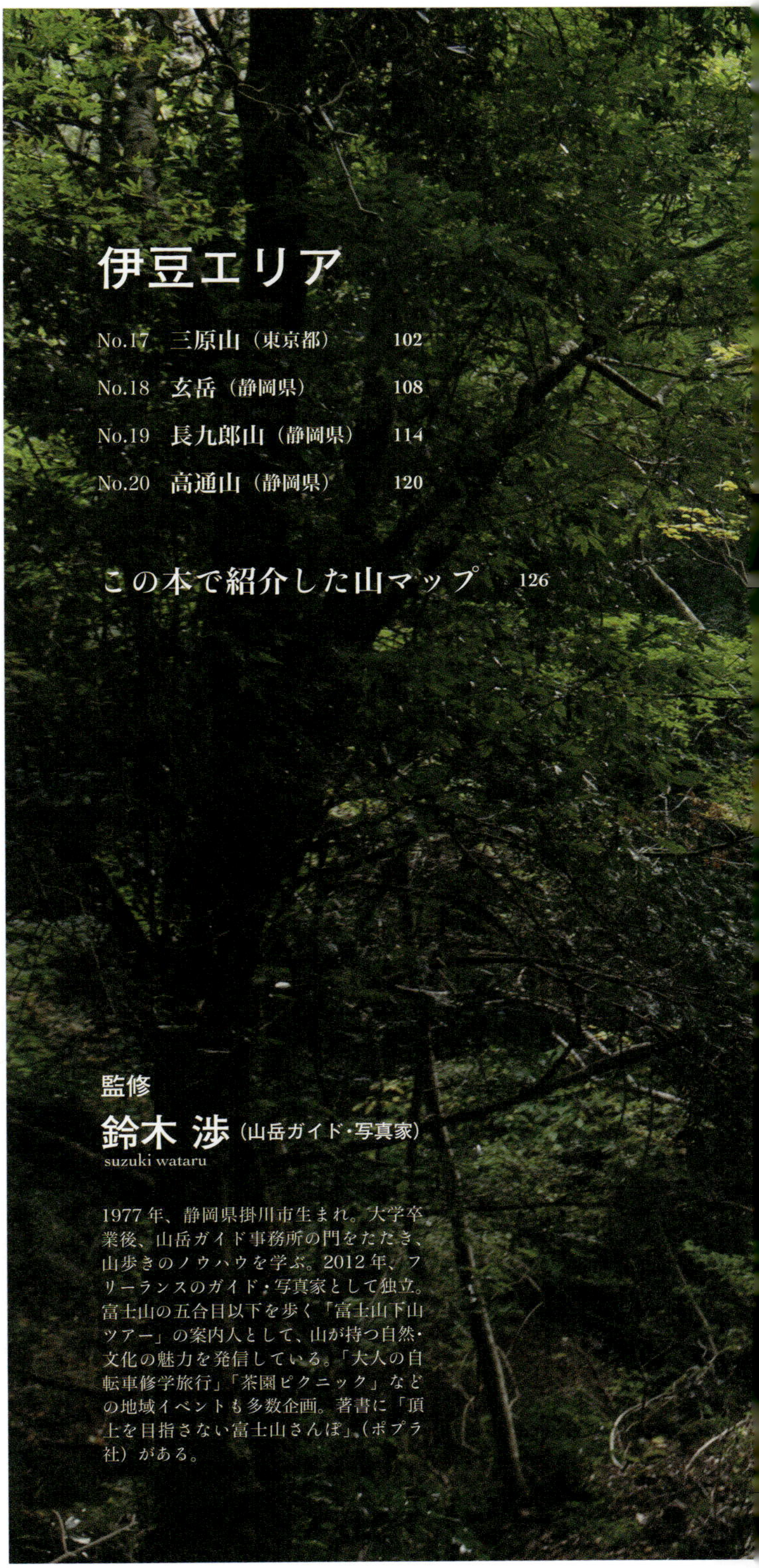

伊豆エリア

No.17　三原山（東京都）　102
No.18　玄岳（静岡県）　108
No.19　長九郎山（静岡県）　114
No.20　高通山（静岡県）　120

この本で紹介した山マップ　126

監修

鈴木 渉（山岳ガイド・写真家）

suzuki wataru

1977年、静岡県掛川市生まれ。大学卒業後、山岳ガイド事務所の門をたたき、山歩きのノウハウを学ぶ。2012年、フリーランスのガイド・写真家として独立。富士山の五合目以下を歩く「富士山下山ツアー」の案内人として、山が持つ自然・文化の魅力を発信している。「大人の自転車修学旅行」「茶園ピクニック」などの地域イベントも多数企画。著書に「頂上を目指さない富士山さんぽ」（ポプラ社）がある。

本書の見方

本文編

難易度と体力、技術度について

この本に掲載している山の中で、最も難易度が高い山を『渉マーク』5として、5段階で表記しました。鈴木渉氏が、体力、技術度、登山道の状況などを踏まえて総合的に判断しています。

※参考資料
静岡県山のグレーディング一覧表（作成：静岡県版「山のグレーディング」検討会）

コースガイド本文

登山口から下山までのコースの説明と、見所などのポイントをレポートしています。

日帰り登山の服装

服装

登山時の服装の基本は、機能性が高く、動きやすいウエアです。アンダーウエアには、汗を素早く吸収して肌をドライに保ち、汗冷えを防ぐ高機能素材のものを着用。その上に、温度調節がしやすいように首元を開けられるシャツやジップシャツタイプの行動着を着るのがお勧めです。アウターには、レインウエアをウインドブレーカーとして上下で用意しておくとよいでしょう。外からの濡れを防ぐ防水性はもちろん、汗による内側の濡れを軽減する機能を備えたレインウエアが役立ちます。ボトムスには、ストレッチ性に優れた生地を使ったパンツを選び、ストレスのないフットワークができるものが適しています。また、山は紫外線が強いため、帽子やグローブは必需品です。季節に合った素材を選んで持っていくようにしましょう。

フットウエア

登山にはトレッキングシューズが必須です。ソールが滑りやすく、踏ん張りも効かないスニーカーなどは山には適しません。自分の足のサイズに合った、登山用のシューズを推奨します。ソックスも、濡れた場合に乾きにくく、足を冷やしてしまうコットン素材より、高機能素材や厚手のウール素材などが良いでしょう。

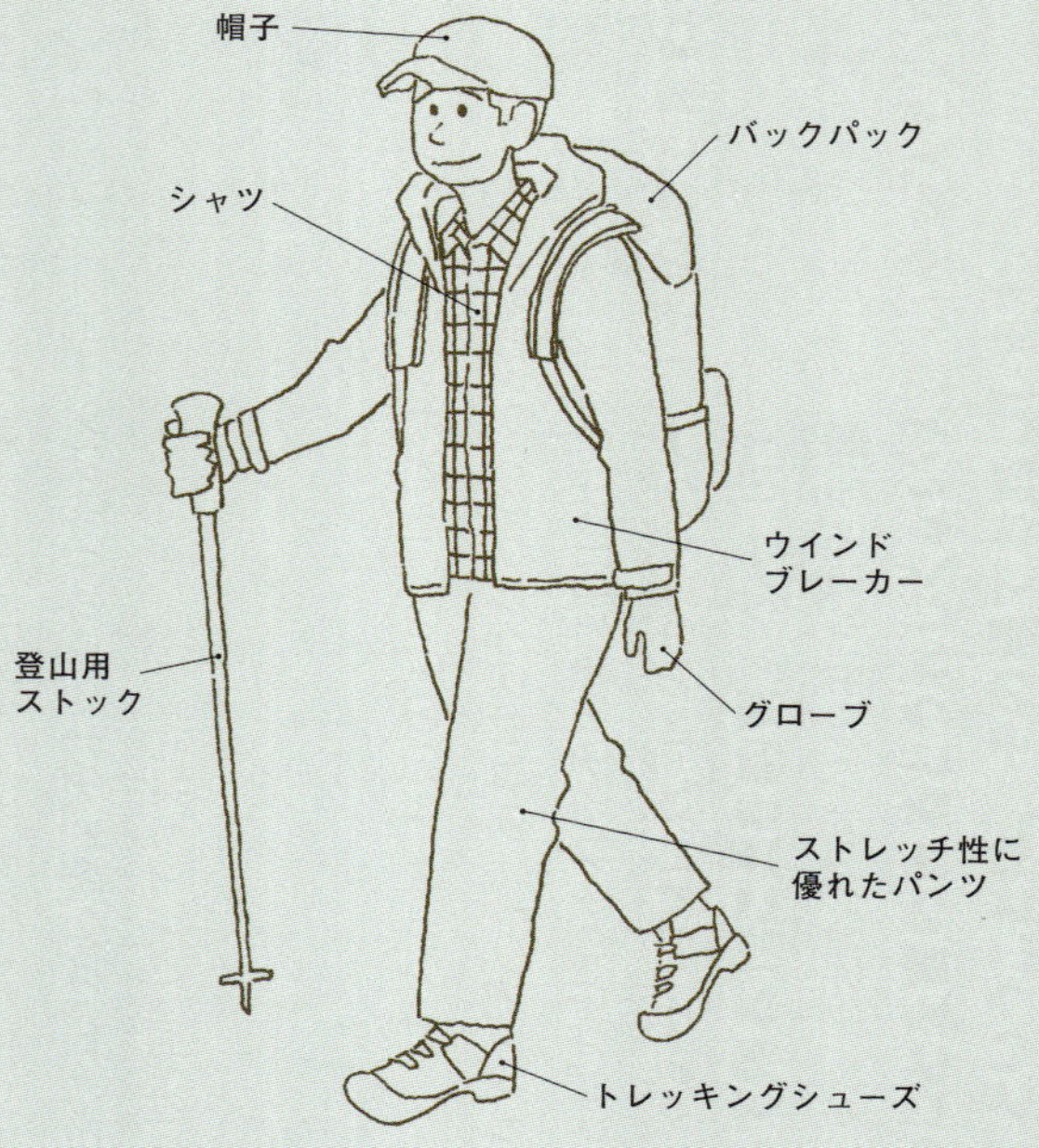

※本書に記載されている情報は、2019年2月現在のものとなります。情報は変更になることもございますので、ご注意ください。

地図頁編

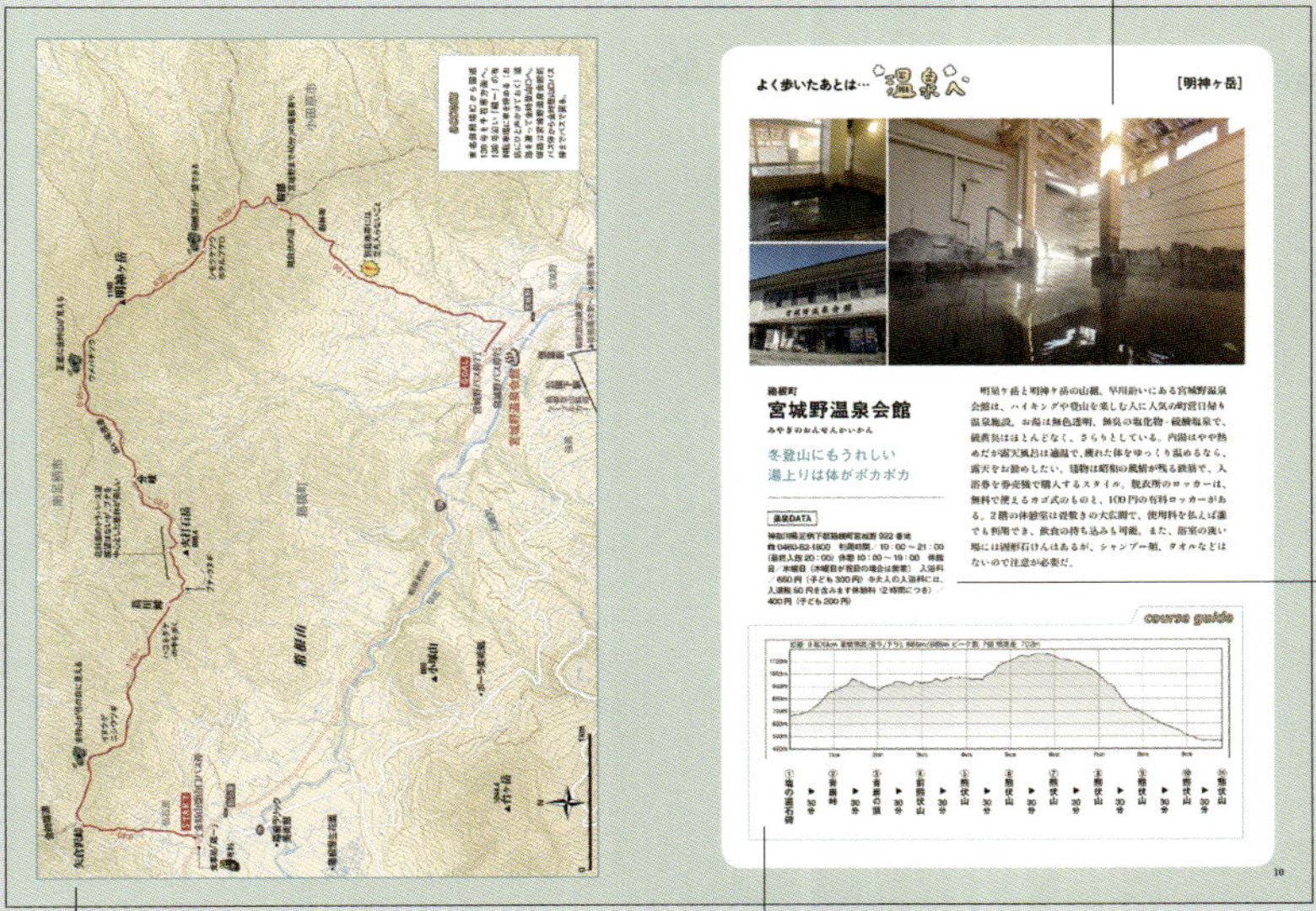

温泉紹介

コースのゴール付近にある温泉（場合によっては温浴施設）を紹介。お湯の特長、施設の雰囲気の他、温泉に含まれる物質の種類と量によって10種類に分類される泉質などを説明しています。「温泉」とは、地中から湧出する温水、鉱水および水蒸気その他のガスなどのうち、温度が25度以上のもの、また、温泉法で定められた物質が定量以上含まれているもののことをいいます。温泉の紹介文の中に登場する「源泉」とは、温泉が湧きだしている場所のこと。そのうち「自噴泉」は動力なしで湧き出すもの、「動力泉」はポンプなどで汲みだしているものを指します。湯量や泉温によっては、浴槽内を循環、加水、加温している施設も多くあります。山歩きの最後に楽しむ温泉として、風情があって清潔で、疲れを癒してくれる施設を選びました。

詳細地図・アクセス

歩くのに必要な情報を記しました。季節やコースで表情を変える山を楽しんでいただけるように、サブルートも掲載しました。

標高差とコース区間タイムについて

各コースの標高差とおおよその区間タイムを表記しました。（歩行時間はあくまでも目安です）

温泉データ

住所・電話番号・料金・利用時間・定休日を表記しました。ただし、利用時間と定休日については、季節や年間休日、行事などによって変更されることがあります。立ち寄る場合は、事前に確認を取ることをお勧めします。

アイコン紹介

- トイレ
- 休憩ポイント
- 駐車場
- 眺望のとれるポイント
- 温泉
- 注意してほしいポイント
- 給水ポイント

温泉に入浴する際の注意事項

・入浴前はかけ湯をして、体を洗う
・体は浴室でしっかり拭いてから出る
・タオルや髪が浴槽に浸からないように配慮する
・飲酒しての入浴は禁止
・温泉に入る前後に水分を摂る
・シャンプーやボディソープが他の人にかからないように配慮する
・小さな露天風呂などが混雑している場合は、譲り合いの心を大切に
・写真撮影などは、無人の場合も施設の許可を得て

持ち物

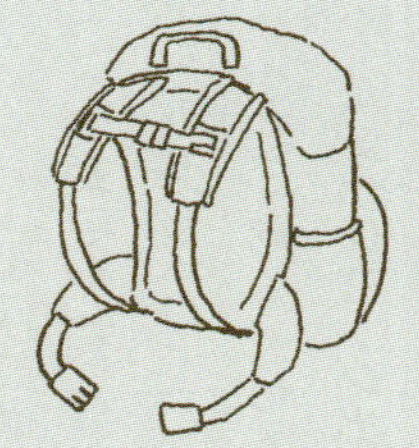

□ バックパック

日帰りなら、容量は20～30リットルを目安に、背面とショルダーハーネス、ヒップベルトが体にぴったりフィットしているものを選びましょう。

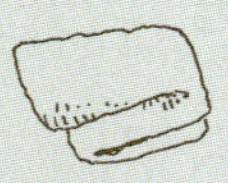

□ タオル（てぬぐい）

□ ゴミ袋

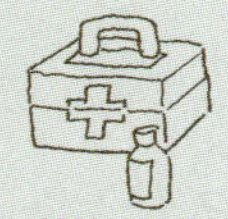

□ 救急用品・常備薬

□ 身分証明書

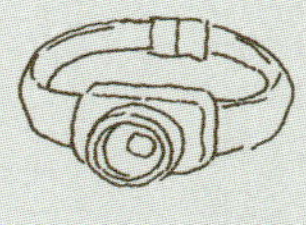

□ ヘッドランプ

□ 水筒

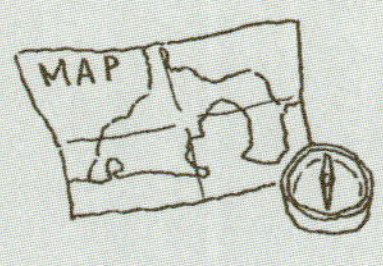

□ 地図・コンパス

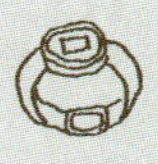

□ 時計

□ 予備電池・燃料

□ 携行食・非常食

富士箱根エリア
Fuji Hakone Area

箱根の自然と火山の息吹を感じる

ONTORE No.01
Myojingatake

明神《みょうじん》ヶ岳《がたけ》

歩行距離｜約9.5km

難易度｜ 体力｜ 技術度｜

穏やかな稜線で歩きやすさ抜群

富士箱根伊豆国立公園に指定されている明神ケ岳は、塔ノ峰、明星ケ岳などと並ぶ箱根外輪山の一つ。宮城野の早川沿いから見ると、なだらかな稜線が美しく、穏やかな姿の山だ。登頂ルートはいくつかあるが、今回は金時山への登山口の一つ、金時山登山口から出発する。国道138号線沿いの食事処「蔵一」の駐車場が1日500円で停められる。金時山ハイキングコースの案内に沿って進み、金時山方面と明神ケ岳方面への分岐点である矢倉沢峠まで、30分ほど丸太の階段が付いた登り道を進む。分岐には案内板があり「明神ケ岳まで95分」とある。かつては茶屋があったが、今は閉業して小屋だけが残っている。

道はこの辺りから両側が背丈より高いカヤトの原になり、緩やかな登りのある稜線を進む。しばらく行くと展望が開け、振

3

1

2

4

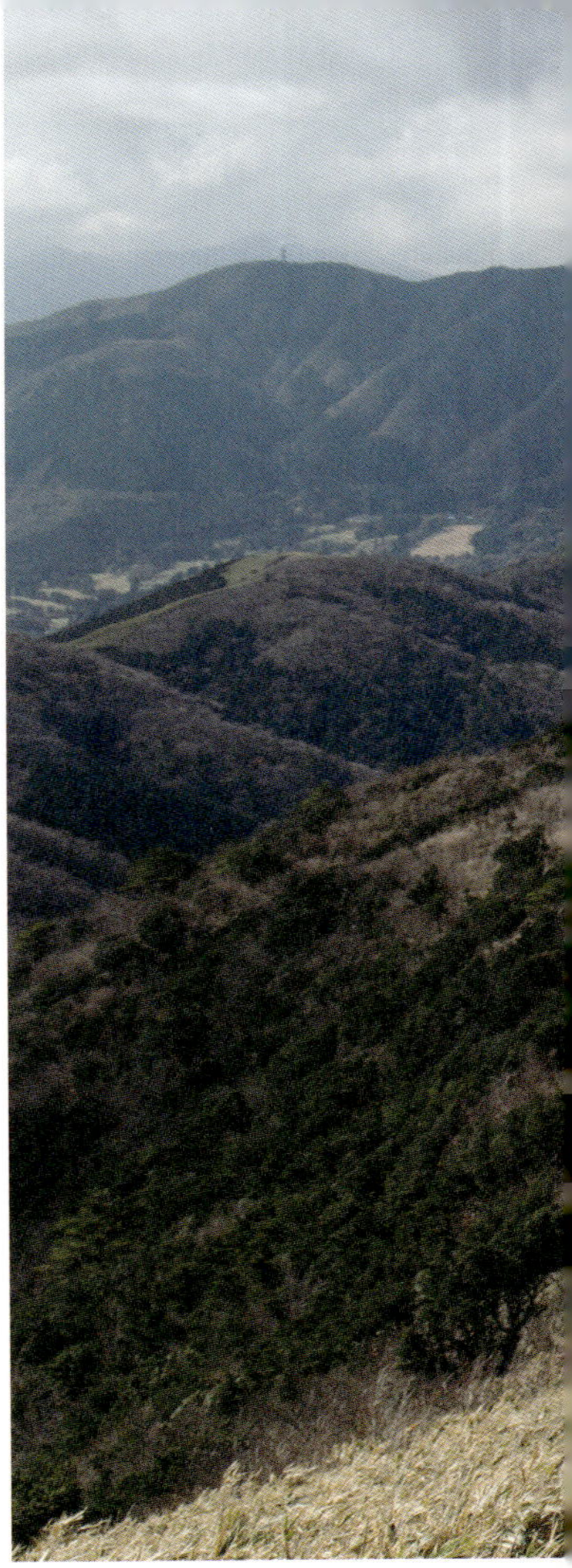

金時山の後ろに
雪を被った富士山が！

5

1. 金時山登山口　2. しばらくはカヤトの中を歩く。空が抜けているので明るい　3. 後方に見えるのは箱根のカルデラ地形　4. カヤトの向こうに、金時山、その左後方には富士山が見える　5. いよいよ左前方に明神ケ岳の頂上が見えてきた　6. 北斜面のトラバース道。南側の展望はないが、樹林帯となり、カエデなどの紅葉が美しい

6

り返ってみた景色に一同思わず歓声をあげた。下方に仙石原、その向こうに三国山、右手に金時山、さらに奥の方に富士山と、雄大な眺めが広がっている。箱根火山は約40万年前にその活動を始めた。何度も噴火を繰り返して、約25万年前になると古代箱根火山と呼ばれる富士山型の成層火山が形成され、標高2700mの大きな山となった。その後さらに噴火を繰り返し、約18万年前になると、山の中心部が陥没して巨大なカルデラができた。箱根の古期外輪山と呼ばれる山々は、このカルデ

8

7

大涌谷からは もくもくと煙があがる

7. 樹林帯では箱根の豊かな自然がたっぷり見られる　8. 大涌谷から立ち上る煙が荒々しい火山を感じさせる　9. 最後はなだらかな稜線歩き。後方にはカルデラを囲むような箱根外輪山の全容が見えている。この山の上部が吹き飛ぶ前は、さぞ巨大な山だったことだろうと想像するのも楽しい

ラを生んだ巨大な山の火口＝外輪だ。そして5万年ほど前になると、カルデラ内でふたたび火山活動が始まり、大涌谷のある冠ケ岳や神山ができていった。その大涌谷もこの辺りからは前方に見えており、モクモクと雲のような煙をあげていた。

　さて、先ほどまでのカヤトの原とは打って変わり、ここから火打石岳までは広葉樹林帯が続く。歩いた晩秋時期には迷彩柄のような木肌のリョウブや真っ赤な実を包んだチェリーピンクの殻が花のように見えるマユミの他、ブナ、ミズキ、ヤマボウシ、コミネカエデ、ウリハダカエデなど紅葉の美しい木々が見られた。突然「ツェー、ツェー」という特徴ある鳴き声の鳥が飛び立った。黒い帽子にオレンジの胸、灰色の羽のヤマガラだ。豊かな自然を楽しみながら歩けばじきに火打石山に着く。ここからは明神ケ岳の頂上がよく見える。ススキの生えたカヤトの原を進んでいくと、丹沢の足柄平

9

point
外輪山の稜線歩き。空が広くて気分爽快！

10

野を一望できる場所に出る。振り向くと、雄々しい金時山と雪を被った富士山の美しい姿。前方には目指す明神ケ岳の頂上がもう見えている。ここからは、カマツカの赤い実やウメバチソウやツルウメモドキなどの可愛らしい花や実を楽しみながらあと一息。右手には全容を露わにした大涌谷も見えている。最後は緩やかな登りをあがりきってゴール。広々とした頂上ではハイカーやトレイルランナーが360度の大パノラマを楽しんでいた。東側には相模湾が広がり、小田原から江の島、遠く三浦半島まで見渡せる。ここからさらに東にある明星ケ岳を目指すこともできるが、この日は宮城野に下山。まっすぐに降りるような形になるため、下りは岩が目立つ急勾配が多い。明星ケ岳へと向かう道と宮城野へ降りる道の分岐案内が見えたら、宮城野方面に下る。広葉樹の紅葉が広がる斜面をさらに進むと林道に出る。林道から別荘地に出て、別荘地裏の整備された歩道を進む。距離は少々長いが、黙々と歩けばやがて宮城野の集落に出る。ここから宮城野バス停を目指して住宅街を抜けていくと、ほどなく宮城野温泉会館前のバス停に。ここからバスに乗り、金時登山口バス停まで、乗車時間約10分で戻る。

pick up

1

2

3

1. カンアオイの仲間　2. ツルウメモドキ　3. マユミの実は地味だけれど可愛らしい

13

ゆっくり
ゆっくり…

12

11

10. 山頂から小田原方面には、相模湾の景色が広がっている。この日は少し日が陰ってしまったが、丹沢山地から相模湾まで東側の展望も最高だ　11・12. 下山は宮城野まで一直線。途中、岩場などもあるのでゆっくり下りたい　13. 明星ケ岳への分岐点。宮城野から登ってきた登山客が休憩をとっていた

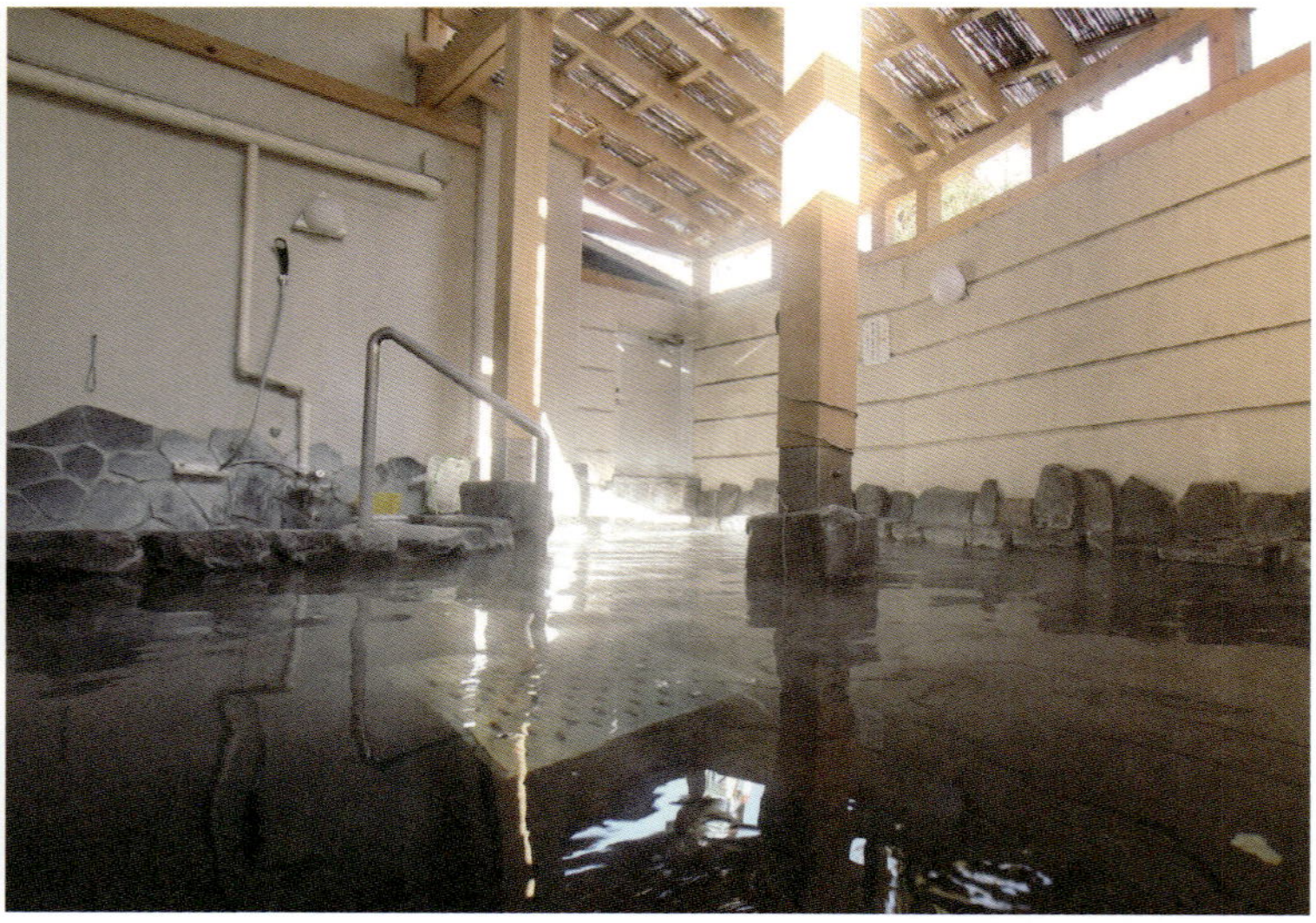

箱根町

宮城野温泉会館

みやぎのおんせんかいかん

冬登山にもうれしい
湯上りは体がポカポカ

温泉DATA

神奈川県足柄下郡箱根町宮城野922　☎0460-82-1800　利用時間／10：00～21：00（最終入館20：00）休憩10：00～19：00　休館日／木曜日（木曜日が祝日の場合は営業）　料金／650円、子供300円※大人の入浴料には、入湯税50円を含みます　休憩料（2時間につき）／400円（子ども200円）

明星ヶ岳と明神ヶ岳の山裾、早川沿いにある宮城野温泉会館は、ハイキングや登山を楽しむ人に人気の町営日帰り温泉施設。お湯は無色透明、無臭の塩化物 - 硫酸塩泉で、硫黄臭はほとんどなく、さらりとしている。内湯はやや熱めだが露天風呂は適温で､疲れた体をゆっくり温めるなら、露天をお勧めしたい。建物は昭和の風情が残る鉄筋で、入浴券を券売機で購入するスタイル。脱衣所のロッカーは、無料で使えるカゴ式のものと、100円の有料ロッカーがある。2階の休憩室は畳敷きの大広間で、使用料を払えば誰でも利用でき、飲食の持ち込みも可能。また、浴室の洗い場には固形石けんはあるが、シャンプー類、タオルなどはないので注意が必要だ。

course guide

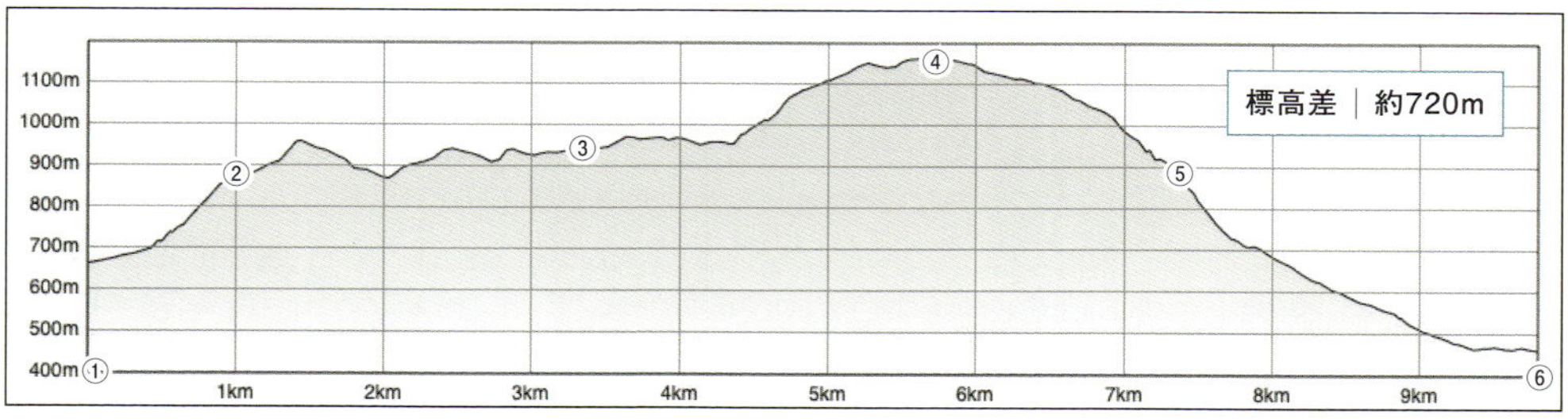

①金時山登山口バス停 ▶40分 ②矢倉沢峠 ▶90分 ③火打石岳説明板 ▶70分 ④明神ヶ岳 ▶40分 ⑤宮城野方面分岐 ▶60分 ⑥宮城野バス停

access

東名御殿場ICから国道138号を千石原方面へ。138号沿い「蔵一」の有料駐車場に車を停める（お店にひと声かけておく）道路を渡って金時山登山口へ。帰路は宮城野温泉会館前バス停から金時山登山口バス停までバスで戻る。

噴火による自然造形に
人間の小ささを実感

富士箱根エリア
Fuji Hakone Area

ONTORE No. 02
Hoeizan～Futatsuzuka

ほうえいざん～ふたつづか
宝永山～二ツ塚

歩行距離 | 約10km

難易度 | 👦👦👦　体力 | 👟👟👟👟　技術度 | ⭐⭐

大きな火口の側火山
絶景続きの穴場の山

「約20万8千人」。平成最後の夏の富士登山者の数だ。このうち、宝永山に登ったことのある人はどれだけいるだろう。1707年の宝永噴火によって誕生した宝永山は、山頂よりも大きな火口を抱える側火山で、その噴火が作り出した自然には、五合目からの登頂ルートでは味わえない魅力がある。

スタートは「富士宮口五合目」。標高はすでに2400mほど、高山の雰囲気は抜群だ。ここから登山道を六合目まで登る。空気が少し薄い。30分ほどで六合目の雲海荘に到着して小休止。小屋のベンチからは愛鷹山や箱根の山々、駿河湾などが見わたせる。六合目の先で登頂ルートと別れ、斜面を横切るトラバース道を歩く。この先、足元には緑が茂るようになる。コケモモが赤い実をつけ、タイツリオウギも、釣り上げた鯛のよ

2

1

3

1. スタート地点の標高は2400m。すでに雲上の世界。空気も薄い　2. 富士宮口五合目付近の富士山。近すぎてのっぺり　3. 六合目から火口の縁へ向かう。雲がとっても近い　4. 六合目の雲海荘前。夏は登山者で溢れる　5. 火口の縁から眺める山麓のパノラマ。鳥になって飛んで行きたくなる

火口から眺める大迫力の自然美

5

4

うな特徴ある実をぶら下げていた。火口の縁に出ると、それまで見えなかった宝永山がいきなりドーンと目の前に。第一火口の縁から眺める宝永山はまさに大迫力。圧倒的な光景にしばし立ちすくむ。そこから、黒い砂漠のような斜面を歩く。火口の底まではあっという間だが、そこからは砂に足が潜り、砂浜のような斜面を一歩一歩登る。振り返ると、火口の底にいる人の姿は米粒のように小さい。まさに、人間の小ささを感じる瞬間だ。

周囲の黒い山肌にはオンタデがポツポツと咲いている。パイオニア植物と呼ばれる彼らは、荒涼とした大地へ真っ先に侵入し、根を伸ばす開拓者だ。水が乏しく、寒く、風の強いこの環境に順応して生きている。登ることおよそ1時間で「馬の背」に到着。ここまで来れば、あと一息。なだらかに伸びる真っ黒な尾根を行くと、ほどなく山頂に着く。さっきまで遠くに眺め

6

7

6. 馬の背分岐まで来れば、宝永山の頂はもう目と鼻の先
7. オンタデとミヤマオトコヨモギ　8. 宝永火口はまさに異次元空間。圧倒的なスケールに鳥肌が立つ

植生回復の大地に夢を見て

ていたあの頂に辿り着いたと思うと、感慨深い。せわしなく湧いては流れる雲のドラマも美しかった。山頂を堪能したら馬の背まで戻る。「大砂走り」へと下るのも良いが、ここは来た道を第一火口の分岐まで戻り、「御殿庭上」へと下る。第二、第三火口辺りではカラマツのさまざまな風衝樹形が見られる。富士山の頑ななまでの強さと、それに適応して生きようとするカラマツの姿が印象的だ。「御殿庭上」の分岐点では、火口越しに眺める富士山頂が見事だ。宝永山は、下から見上げると姿が全く変わって面白い。ここで昼食をとり、この先は分岐を東へ、カラマツの疎林を抜けていく。ほどなく急な斜面を下る樹林帯となり、足元はスリップしやすいので慎重に。樹林を抜け、枯れ沢を渡ると「小天狗塚」に着く。平坦な場所だがここも「塚」の名が示すように側火山だ。やがて樹林の先に、マーブル模様をした2つの膨らみが見えて来

8

10

9

9. 赤い実を付けたコケモモ。六合目の先でよく見かける　10. コース後半に多いフジアザミ。大きな花が夏の終わりを告げる

pick up

「四辻」は、宝永山と二ツ塚そして山麓の眺めがよい、気持ちの良い場所。宝永噴火の際に降り注いだスコリアで真っ黒になった大地から少しずつ植生が回復し、草原状になっている。初夏に緑の山肌は、秋は茶枯れた草紅葉、冬は真っ白な雪原となり、季節ごとの変化が美しい。

る。二ツ塚の上塚と下塚だ。樹林を抜け「三辻」と呼ばれる分岐に出ると草原状の景色が広がり「四辻」まで続く。周囲には宝永の噴火で降り積もったスコリアの大地から、植生回復の途上にある光景が広がる。メイゲツソウの赤い花が映えてきれいだ。ここから宝永山に向かって、緑は次第にまばらになっているが、100年経ったらこの植物たちはどこまで上がっているだろう。マーブル模様の二ツ塚も、いつか緑一色となりやがて樹林に覆われることだろう。今日撮った写真を持って、10年後、20年後にまた訪れたら変化がわかって面白いかもしれない。秋には草紅葉も素敵だ。二ツ塚の下塚へは、はっきりした登路がある。下から見上げると身構えるが、約10分ほどで登れる。天気が良ければ上塚と宝永山越しに眺める富士山が素晴らしい。二ツ塚を過ぎると風景が一変。大部分が黒いスコリアに覆われた大地が広がる。ここを一気に下り大石茶屋に辿り着けば、御殿場口の五合目はもうすぐ。登らずに、ほとんど下っているばかりなのに、富士山の雄大さを感じる山旅だ。

point

マーブル模様をした二ツ塚の上塚。まるで、どこかの惑星に迷い込んだかのような光景が広がる。

12

11

13

11. カラマツの風衝樹形。強風下で懸命に生きる天然のアート　12. 二ツ塚周辺は植生回復の途上にある。いつかはここも森林に　13. 富士山は聖域。この鳥居をくぐって山旅を終える

よく歩いたあとは… 温泉へ　　　　　　　　　　　　　　　　　　　　　　　　［宝永山〜二ツ塚］

御胎内温泉健康センター
おたいないおんせん　けんこうせんたー

絶景を目の前に至福の温泉タイム

温泉DATA

御殿場市印野1380-25　☎0550-88-4126
利用時間／10：00〜21：00（受付〜20：20）
定休日／火曜日（祝日の場合は翌日休み）　料金（3時間）／大人500円、子供300円（土日祝日 大人700円、子供400円）

"御胎内"とは噴火によってできた富士山の洞窟。女性の胎内に似ていることから名付けられた。この御胎内隧道や胎内神社を祀る印野地区にある御胎内温泉は、かつては地元住民向けの温泉施設だったが、今は広く富士登山やキャンプなどアウトドアを楽しんだあとの温泉として利用できるようになった。泉質はアルカリ性単純温泉。特筆すべきはそのロケーション。お湯に浸かりながら大迫力の霊峰富士が見られるとあって、人気が高い。お風呂と富士山の間に遮るものがないため、歩いてきた山並みをゆっくり反芻できるのも味わい深い。食事処では近くの蕎麦屋さんがその日に手打ちした田舎風ぶっかけ蕎麦「御厨そば」が楽しめる。

course guide

標高差｜約1,270m

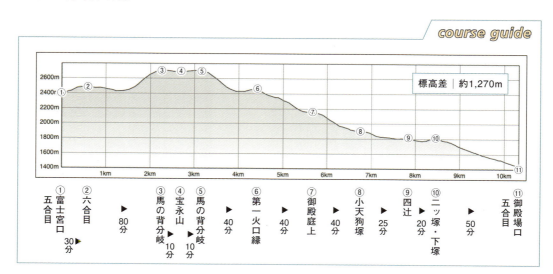

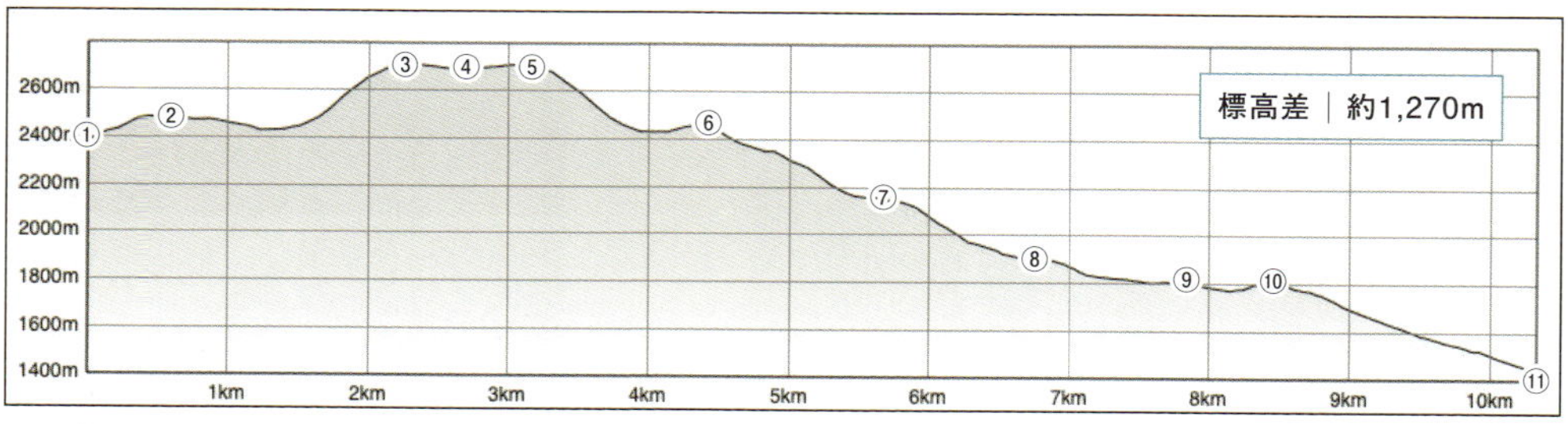

① 富士宮口五合目　30分▶
② 六合目　80分▶
③ 馬の背分岐　10分▶
④ 宝永山　10分▶
⑤ 馬の背分岐　40分▶
⑥ 第一火口縁　40分▶
⑦ 御殿庭上　40分▶
⑧ 小天狗塚　25分▶
⑨ 四辻　20分▶
⑩ 二ツ塚・下塚　50分▶
⑪ 御殿場口五合目

access

富士宮口五合目までのアクセスは、新幹線静岡駅～新富士駅～富士駅～身延線富士宮駅などからバスで富士宮口五合目まで。帰路は御殿場口新五合目から御殿場駅までバス。往復をピストンするなら、マイカー利用も可。

富士箱根エリア
Fuji Hakone Area

連峰の最高峰
ドラマは後半に

OTONO NO.
03
Echizendake

えちぜんだけ
越前岳

歩行距離 | 約7.5km

難易度 | 👦👦👦　体力 | 🥾🥾🥾　技術度 | ⭐⭐

四季を通して楽しめる愛鷹連峰の最高峰

よく晴れた日に、愛鷹山を眺めてみると、山稜の両側に綺麗な裾野を伸ばしているのがよくわかる。愛鷹山は古い成層火山で、元は富士山のような姿をした一つの山だった。長い年月のうちに侵食され山体崩壊し、今の姿となったとされる。越前岳は連峰の最高峰で、最北部に位置するために富士山の眺めが良く、アシタカツツジの群生地や美しい広葉樹林が広がり、四季を通して歩きたくなる山だ。山神社から黒岳を経由して山頂に至り、十里木へと下る本ルートは、見所が多い、オススメのルートだ。

「愛鷹登山口」からは舗装された林道が伸びており、20分ほど歩くと「山神社」に着く。マイカーの場合は、山神社の手前に広い駐車場がある。山神社の鳥居をくぐると、参道がそのまま登山道の始まり。小さなお社

2

1

1. 山神社の鳥居をくぐって登山スタート　2. 植林帯を抜けると斜度が増すが、広葉樹の自然林が広がり清々しい　3. 黒岳山頂は展望抜群。広々していて、ここでピクニックランチもいい　4. 黒岳山頂直下の森から目指す越前岳の姿が見えた　5. 黒岳へ向かう途中にある自然杉の群落。樹齢は300～400年らしい。立派　6. 鋸岳の展望台から

の背後に登山道が続いている。序盤はしばらく薄暗いスギの植林帯。傾斜はさほどきつくもなく、ウォーミングアップにはちょうど良い。道が階段状になり、右手の斜面を登っていくと植林帯を抜け、急に明るくなる。この先富士見峠までは、広葉樹の自然林が清々しいトラバース道が続く。途中には、炭焼き窯の跡なども。左手の谷間には、落葉して裸木となった木々が山肌を覆っている。枯れた姿も素敵だが、冬の霧氷、春の新緑、秋の紅葉の頃には、さらに見事だろう。振り返ると、箱根の山が見え、谷間の向こうには雪を被った位牌岳の姿が、次第に大きくなってきた。鉄製の小さなはしごを2つほど登ってさらに進むと、谷間の先に小さな小屋が見えてきた。愛鷹山荘だ。無人・無料で、個人の方が管理されているそう。今時の洗練された営業小屋とは違い、いかにも「小屋」といった雰囲気が良い。ここからは箱根の山が見渡

いくつもの尾根を越えて愛鷹山を満喫

黒岳山頂
3

ノコギリ
みたいに
ギザギザ…
6

4

5

8

7

7. 雪に埋もれるイワカガミの葉。冬は小豆色に紅葉して越冬する　8. 越前岳の山頂からは、弧を描く駿河湾や富士市街など山麓の眺めが素晴らしい　9. 北白ガレンの縁から望む位牌岳は姿形が立派

せ、景色も抜群。ここからすぐに富士見峠に着く。越前岳は左手だが、時間に余裕があれば黒岳を往復してくるのも良し。道中には富士山の展望地や天然杉の群生地などがあり、広い山頂はのどかで見晴らしも良い。山荘に滞在して黒岳をゆっくり歩くというのも大いにお勧めだ。

　さて、富士見峠から越前岳へは、尾根道を登っていく。緩やかな登りで歩きやすい。落葉樹が葉を落とした登山道の両脇に、アセビの木がよく茂っている。峠から30分ほどで「鋸岳展望台」に着く。シャモニー針峰群ならぬ、アシタカ針峰群？とでも呼びたくなるギザギザの稜線は、標高１３００ｍ程とは思えない風格だ。次第にブナの落ち葉が目立つようになり、大木はあまりないが樹林の雰囲気が良い。樹間からは時折南アルプスや富士山の眺めもある。旧五十銭紙幣の富士山撮影地だという「富士見台」まで来ると、あと一息、30分ほどで着く。山頂近辺は春ならば、特産種のアシタカツツジが群生して見事だし、晩秋なら冬枯れた広葉樹林が明るく、山麓の眺めや冬芽の観察も楽しい。斜面が緩み、樹林のトンネルの先に「光る海が見える！」、と思い小走りすると越前岳の山頂に出た。視界が一気に開け、眼前に大パノラマが広がる。キラキラと西陽に輝

9

視界が一気に開け 大パノラマが目の前に

くまちには製紙工場の白い煙がたなびき、いかにも富士らしい。美しく弧を描く駿河湾は黄金色に輝いていた。北には富士山の頭が、南には伊豆半島が見えている。下山は北斜面を十里木高原へ下る。山頂から下り始めは尾根が広がり踏み跡も多い。10分ほどで西の尾根へと分岐する箇所があるが、間違えないように。「馬の背見晴台」は富士山、南アルプスの眺めがよく、広がるカヤトの原は夕陽に照らされドラマチックだ。電波塔や展望台が出てくると、十里木の駐車場まではあと少し。最後は土がえぐれた階段を下ってフィニッシュ。駐車場には靴についた泥を洗う水道、ブラシが置いてある。ありがとうございます！

雪山気分が味わえる！

10

10. 十里木高原への下り始めは尾根が広がり進路を誤りやすい。地図をよく見よう　11. 馬の背見晴台からは富士山と南アルプスの山並みが望める　12. 馬の背を少し下ったところの反射板。カヤトが広がり周囲は視界良好　13 電波中継塔まで来れば、ゴールは近い

point
夕陽に染まるカヤトの原を手前に、ドラマチックな景色が広がる

11

13

12

よく歩いたあとは… 温泉へ　　　　　　　　　　　　　　　　　　　　　　　　　　　　　　　　［越前岳］

ヘルシーパーク裾野
へるしーぱーくすその

お風呂から大自然を一望
お湯と景色に癒されて

温泉DATA

裾野市須山3408　☎055-965-1126　利用時間／10：00〜21：00（受付〜20：30）　定休日／木曜日（祝日の場合は営業）年末年始　料金（3時間）／大人520円、中学生以下260円

　露天風呂「ほうえいの湯」からは正面に、「ふじの湯」からは垣根越しに、いずれも富士山が間近に見える絶好のロケーション。2つのお風呂は奇数・偶数日で男女入れ替えになるので、訪れた日にどちらのお風呂になるか楽しみに。お湯はこの辺りでは珍しい等張性温泉だ。塩分濃度が高いので保温効果があり、身体のポカポカが続く。一方で成分が体に浸透しやすく、長く浸かっていると湯あたりすることもあり、こまめに水分を取るのがお勧め。レストランでは「新富士山カレー」や「裾野ポーク焼肉丼」「すそのスープ餃子」といった裾野ならではのご当地メニューが並ぶ。野菜も肉も地元裾野産をメインとした自慢の食材を使用している。

course guide

標高差｜約814m

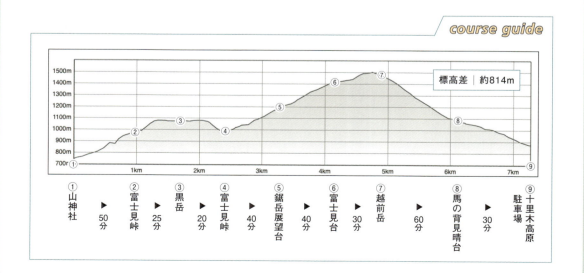

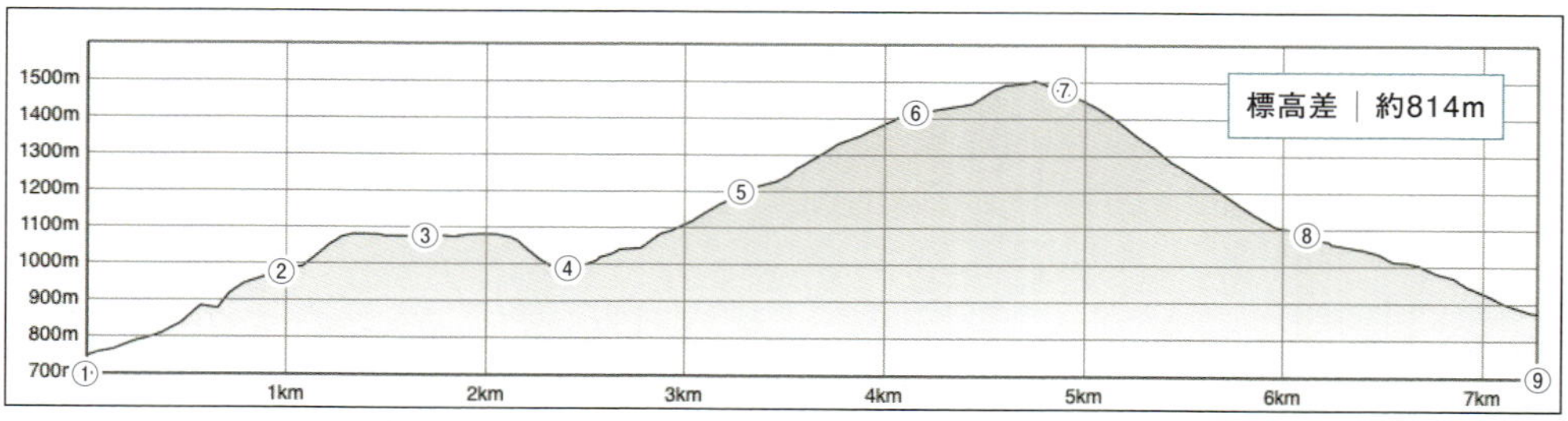

①山神社 ▶ 50分 ②富士見峠 ▶ 25分 ③黒岳 ▶ 20分 ④富士見峠 ▶ 40分 ⑤鋸岳展望台 ▶ 40分 ⑥富士見台 ▶ 30分 ⑦越前岳 ▶ 60分 ⑧馬の背見晴台 ▶ 30分 ⑨十里木高原駐車場

access
愛鷹山登山口までは、三島駅からバスで約50分、御殿場駅から約40分。マイカーなら愛鷹山登山口バス停から林道を少し入ったところに山神社の駐車場あり。
黒岳
1086.5
北は富士山
南は箱根、伊豆方面の眺めが良い
山頂直下の森は気持ちがよく、樹間から越前岳が見える
自殺杉
展望広場
富士見峠
愛鷹山荘
落石注意
山神社
START
大沢
愛鷹山登山口バス停
岩波駅へ
469
須山
忠ちゃん牧場
富士サファリパーク
十里木バス停
十里木高原バス停
土・日・季節運行
十里木
十里木CC
GOAL
富士山こどもの国
展望台
馬の背見晴台
ベンチ有り
南アルプスの山並みがきれい
鋸岳展望台
北白ガレ
南面がガレているが、位牌岳の眺めがよい
富士見台
旧五千円札の富士山撮影地
休憩適地
越前岳
1504.2
山頂近辺はアシタカツツジが群生
尾根が広がり、踏み跡が複数ある
進路注意
富士市
裾野市
割石峠
蓬莱山
1296
呼子岳
1310
鋸岳
0:20
0:50
0:20
0:25
0:40
0:40
0:30
1:00
0:20
0:10
0:10
0
1km
N

キツイ登りの先の
素晴らしい展望に笑顔

ONTORE
No.
04
Kenashiyama

けなしやま
毛無山

歩行距離｜約8km

難易度｜😀😀😀　体力｜👟👟👟👟👟　技術度｜⭐⭐

静岡と山梨の県境ルートで表情が変わる

天子山塊最高峰の毛無山は、山頂からの富士山の眺望とかつて金山だったことなどで知られ、四季を通じて登山者に親しまれている。山稜は静岡・山梨の県境となっていて、それぞれ朝霧高原、下部温泉から登路が開かれている。明るく開けた朝霧高原からの毛無山と、山深い下部温泉から登る毛無山とでは、同じ山でもその表情がまるで違って面白い。今回は、山頂を越え、峠を越えて異国へと降り立つ山旅の醍醐味に触れてみたい。

スタートは静岡県側の登山口から。近くの神社でお参りをしてから出発する。神社を出ると、金鉱石の破砕機が草薮のなかに現れた。毛無山は戦国時代から江戸時代にかけて金山として採掘が行われていた山で、破砕機は近代に再び鉱脈が見つかった際に造られた精錬所の名残のようだ。

この看板が
目印！

1. 朝霧側の登山口は「ふもとっぱら」キャンプ場の脇を通り、麓集落の西端にある　2. 歩き始めてすぐに出会う金鉱石の破砕機。毛無山には金山の名残が随所に　3. 林道を少し歩いて沢を渡渉すると、その先から本格的に登山道となる　4. 一合目から順に立つ山名標識。散々登って一合しか進んでいないとがっくり

一合目から九合目
急登りの長丁場
不動の滝に癒されて

登山道に入って少し登ると、沢沿いに地蔵峠へ向かうルートと、尾根道から毛無へ向かうルートに分かれ、これを右手に進む。ここから先は、斜度がぐっと上がり県境の稜線へ出るまで急な登りが続く。標高差約1000mの長丁場だ。まずはスギの植林帯を抜けて歩き進めるうち、次第に明るい広葉樹の森へと変わる。「毛無山一合目」の白い小さな看板が道の先に現れ、九合目まで順番に出てくる。二合目の看板が出て、少し疲れが出た頃、不動の滝の見晴台に着いた。二段に落ちていく滝の流れが白く輝き見事だ。きつい登りはまだ序盤だが、登るにつれて林相は美しくなる。時折見上げると、緑の美しさに癒される。随所にゴツゴツした岩の急登があり、固定ロープが張られた箇所もあるが、危険は少ない。しっかり三点確保して登り降りすれば大丈夫だ。八合目を過ぎた所で「富士山展望所」の標識が出てくる。朝霧高原から富士山の展望が素晴らしい。稜線にたどり着くと道は左右に分かれ、ここを右手の山頂

5. 朝霧側からは、とにかく登る、登る、登る。段差の大きな岩場も所々に　6. 二合目の先にある不動の滝見晴台。滝を見て火照った体に涼をとる

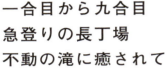

8

7

7. 八合目先の「富士山展望所」から。大沢崩れが荒々しく口を広げている　8.「北アルプス展望台」。岩の上からはアルプスの山並みを遠望

pick up

富士山の眺めが良い毛無山は冬の景観も格別。朝霧高原側からは、登山者がよく入るので降雪直後でもなければ大概トレースもついている。体力は要するが技術的な難しさはそれほど高くない。初心者のみでは危険だが、経験者同伴で冬の毛無山にチャレンジしてみては。

方面へ向かう。斜度は一気に緩み、長く続いた登りからようやく解放される。森の様子も、シラビソなどが混じりはじめて、亜高山の森の雰囲気へと移り変わりを見せる。山頂手前には「北アルプス展望台」があり、看板背後の岩の上からアルプスの山並みが望める。「北」とあるが、むしろ南アルプスの展望が素晴らしく、甲斐駒、仙丈ケ岳から白根三山、塩見岳、荒川三山、赤石岳へと山稜が美しく続く。山頂には、富士山が大きく姿を表す。この日は雲海の上にぽっかりと浮かんでいたが、晴れた日なら山麓の朝霧高原からそびえる様子がまた素晴らしい。毛無山の最高点は山頂標識より少し先にあり、ぜひそこまで足を伸ばしたい。最高点まではアルペンムードの漂う道で、富士山の眺めも抜群だ。頂上を満喫したら下山は来た道を戻り、今度は分岐点を地蔵峠方面へ下る。分岐から10分ほど下り、丸山の小ピークを過ぎると道は左へ曲

point

雲の上に浮ぶ、富士山に思わず声を上げてしまう

9

富士山の景観バツグン
冬も楽しめる山

がり斜度がきつくなる。地蔵峠は下部温泉へと下る分岐点になる。一息ついたら県境稜線を外れ、いよいよ甲斐の国へと下る。下部方面のルートは歩く人が少ないと見え、踏み跡が薄い箇所が随所にある。地図をよく確認しながら進もう。峠から少し下ると「水飲み場」の看板が立つ沢へ下り、その先は国指定史跡である「甲斐金山遺跡 中山金山」の解説板が登山道脇に出てくる。屋敷跡や金鉱石を採掘した坑道跡などが見られ、自然のままに時間が経過した様子が往時を偲ばせる。金山遺跡を過ぎると、登山口までは植林帯の下りが延々と続く。やがて急な下りが終わり、左へ鋭角に曲がって平坦路になると、ようやく登山口へと降り立つ。じんわりと達成感がこみ上げた。下部温泉まではここから約8・5km。温泉まで歩き通せばさらに充実感は高まろうが、タクシーを事前に予約しておくもよし。いずれにしても格別な思いで湯に浸かれるはずだ。

10

11

9. 山頂標識から最高点へ向かう道は、富士山の眺めも道の雰囲気も抜群　10. 地蔵峠まできたら、いよいよ山梨側へ下る。ここも富士山の眺めが良好　11.「水飲み場」付近は踏み跡薄い。進路に気をつけよう　12. 女郎屋敷跡。尾根の反対側の沢沿いには金山遺跡が点在する

12

下部温泉会館

しもべおんせんかいかん

渓谷美に抱かれた信玄の隠し湯

温泉DATA

山梨県南巨摩郡身延町下部1130-1　☎0556-36-0124　利用時間／10：00～18：00（受付～17：00）　定休日／12月29～1月2日　料金／500円（小学生400円）※一日利用の場合1000円（小学生600円）

日本の名湯100選にも選ばれる下部温泉は、1200年の歴史ある古い温泉郷で、戦国武将・武田信玄の隠し湯として知られている。町営の下部温泉会館は、ひなびた風情の身延線下部温泉駅から徒歩約5分、毛無山から下ってきた下部川沿いにある。泉質はアルカリ性単純温泉で、信玄公をはじめ多くの兵士たちの傷を癒したと伝えられ、切り傷ややけど、リウマチなどに良いそうだ。さらりとした無味無臭のお湯はゆっくりと浸かれる温度で、疲れた体に染みこむやわらかさがあり、肌がツルツルになるのも実感できる。下部川に面した内湯からは四季折々の渓谷の美しさと川のせせらぎを楽しめる。

course guide

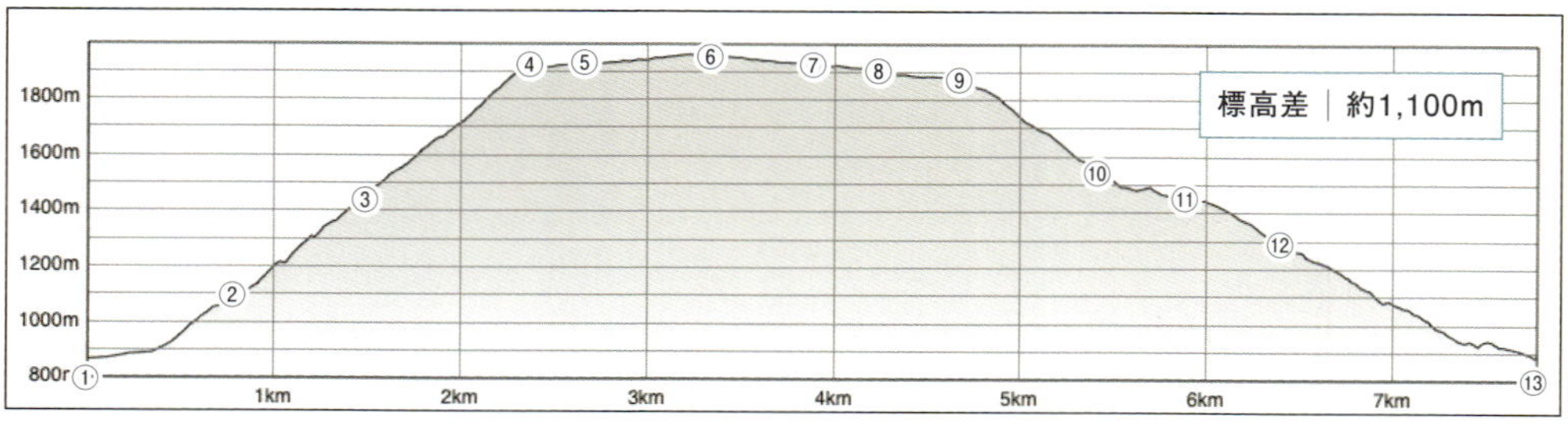

①毛無山登山口（静岡側）▶45分 ②不動の滝見晴台 ▶50分 ③五合目 ▶90分 ④稜線分岐 15分▶ ⑤毛無山 ▶15分 ⑥毛無山最高点 ▶15分 ⑦毛無山 ▶10分 ⑧稜線分岐 ▶10分 ⑨丸山 ▶45分 ⑩地蔵峠 ▶20分 ⑪女郎屋敷跡 ▶25分 ⑫山の神 ▶50分 ⑬毛無山登山口（山梨側）

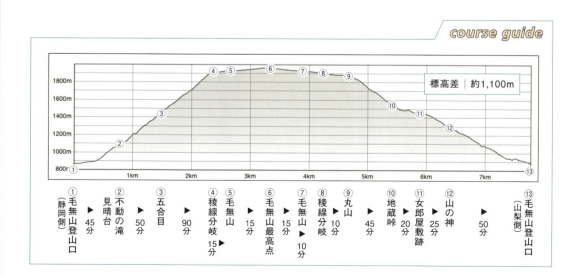

access

朝霧高原側の麓登山口へは、新富士駅、富士山駅から富士急静岡バスで「朝霧グリーンパーク」下車。新富士駅から70分。河口湖駅か約60分。バス停から登山口までは徒歩約40分。マイカーの場合は、朝霧高原側は登山口の脇に有料駐車場、ふもとっぱらキャンプ場手前には無料の臨時駐車場がある。帰路は、タクシー利用の場合は事前予約をするか、地蔵峠付近から当日連絡（山梨側の登山口からは携帯電話の電波が入らない場合が多い）。歩く場合は、登山口から下部温泉駅まで約8km。山梨県側の登山口にも無料駐車場（数台）はあるが、山間の林道は通行止めになることがよくある。

スリルと楽しさが同居する
絶景山歩き

ONTORE No.
05
jyuunigtake

十二ケ岳
じゅうにがたけ

歩行距離｜約6km

難易度｜😊😊😊　体力｜👟👟👟　技術度｜⭐⭐⭐

山腹は美しい森
稜線は険しい山

十二ケ岳は、標高1683mと決して高い山ではないが、御坂山地随一ともいえる険しい岩綾帯があり、素晴らしい眺望と相まって山歩きの楽しさを満喫できる山だ。複数ある登路のうち、文化洞トンネルをスタートして桑留尾地区へと下るコースを紹介する。

西湖周遊バスを「毛無山登山口」で下車し、文化洞トンネル南側の脇にある登山口を進む。登り始めてすぐ、藪の中に古い文化洞トンネルが佇んでいる。現トンネルの竣工は1993年と銘があるから、25年ほど前まではこちらの古い方が使われていたようだ。現トンネルの真上に出ると道は左右に分岐する。これを右手にとり、まずは毛無山を目指す。トンネル上を通過すると、左手から道が合流する。トンネルができる以前に東西の集落を結んでいた古い峠道で、

1. 駐車場は文化洞トンネル西側の集落内にある　2. 登山道への入口は、トンネルの南側に　3. 毛無山の山頂直下は、富士山や河口湖の眺めが抜群

あたりには馬頭観音や忠魂碑などが立ち並んでいる。目を凝らすと、馬頭観音の一つには「天明五乙巳年　五月吉日立」（西暦1785年）の文字があった。

さて、この先しばらくは明るい広葉樹林とアカマツ林が随所に混じった森となる。明るくて気持ちは良いが、一本調子な登り坂が続く。1241・5ｍの三角点がある小ピークまで来ると急な登りもひと段落。道の脇には、トリカブトの花がよく咲いていた。毒があることが話題になりやすいが、花の美しさはもっと知られていいと思う。

見上げるとガマズミと思しき実が赤くなり始め、足元にはヤマグリの実がたくさん。触るとボフッと胞子を出すホコリタケや、タマゴタケが色鮮やかな頭を出す姿が見られた。長浜ルートとの分岐点を過ぎると、カヤトの斜面が広がり、視界が開ける。富士山の姿が眼前に広がり、西湖や青木ヶ原の樹海、河口湖まで一望できる。ここをひと登りして、毛無山の山頂に到着。

さて、毛無山から十二ヶ岳へ

鏡のような湖面に厳かな姿の富士が映える

pick up

スリルある岩場は一番のハイライトだが、森が美しく季節ごとにさまざまな草花を見つけられるのも本コースの魅力だ。写真は取材時（9月下旬）に出会ったもの。左上：トリカブトの花。右上：出始めのタマゴタケ。左下：イヨフウロの花。右下：成熟したホコリタケ。つつくと真ん中の穴からボフッと胞子を出す。

は稜線歩きとなり、ここからが本番だ。一ヶ岳から十二ヶ岳まで順に、山名標識が立つ小ピークを越えていく。ひとつひとつの高低差はそれほど大きくないが、随所にロープや鎖の張られた岩場の通過には、なかなか緊張感がある。注意したいのは九ヶ岳から先だ。特に十一ヶ岳と十二ヶ岳間のキレット（急峻な岩場の鞍部）は気をつけたい。深く落ち込んだ谷間には、長さ10mほどの金属製の吊り橋がかかり、高度感に足がすくむ。

「おお、これ行くの？」と後ろで同行者が不安げな声をあげた。吊り橋を渡りきると、今度は長い鎖が伸びた岩場の急登が待っている。手足の置き所はあるから、それほど難しいことはないが、足を滑らせたら大変だ。しっかり三点確保をして慎重に登りたい。スリリングな岩場の脇では、ダイモンジソウの花がちらほら咲いて心を和ませてくれた。春の新緑の頃には可愛らしいコイワザクラの花が咲く。これを目当てに登る岳人も少なくない。

4

5

4. 一ケ岳から順に、山名標識が立っていて面白い
5. 十一ケ岳からの下りは岩場の急坂。一人ずつ、慎重に下ろう

十二の頂を越えた先に広がる絶景

7

8

6. 十二ケ岳への最後の昇り。クサリ場が続く　7. コイワザクラ　8. 桑留尾への分岐点。山頂はこの先50m

point
山頂直下の岩場の急坂。初心者だけでは危険なので、必ず経験者同伴で！

6

9

12

11

10

9.十二ケ岳山頂からの富士山。難所を乗り越えてのこの景色に感動 10.ヒロハツリバナの実のぶら下がる様子が可愛らしい 11.桑留尾への下山路の序盤は急坂。足元注意 12.標高1400m付近の植林帯。進路はやや分かりにくい。濃霧時など要注意

急な岩場を登りきると小広い場所に出て、桑留尾からのルートが合流する。山頂はこの先50mほど行ったところにある。山頂には二つの祠が立ち、南側の視界が開けている。遮るものなく間近にそびえる富士山の姿は本当に惚れ惚れとする美しさだ。静かに青い水を湛えた西湖もまた素敵で、一から順に十二の峰を越えてきた充実感がじんわり込み上げる。

下山は、来た道を少し戻り先ほどの「桑留尾」からのルートを下る。ウラジロモミの植林が広がる地点まで降りてくると斜度も緩むが、尾根が広がり、道がややわかりにくい箇所もあるので注意したい。この植林帯からルートは尾根を外れ、右に大きく曲がって小さな沢を渡ると、右手の尾根を下っていく。やがて文化洞トンネル方面への分岐があり、これを見送ってそのまま桑留尾方面へ進み、しばらく行くと道路にでる。左手に50mほど行けば「いずみの湯」だ。

よく歩いたあとは…温泉へ

[十二ケ岳]

いずみの湯

西湖のほとりで
ほっこり温泉タイム

温泉DATA

山梨県南都留郡富士河口湖町西湖 987　☎ 0555-82-2641　利用時間／平日・日曜日 10：00 ～ 21：00（受付～ 20：30）土・祝前日 10：00 ～ 22：00（受付～ 21：30）夏期（7 月下旬～ 8 月下旬）冬期（12 月中旬～ 3 月中旬）は時間変更あり　定休日／水曜日（冬季は火曜日も休み）　料金／大人 900 円、小学生以下 500 円

西湖温泉は、平成 25 年から営業をスタートしたこの地域唯一の天然温泉。平安時代より以前、西湖、精進湖、本栖湖が一つの湖だった頃の「せのうみ」から名を取って「富岳せのうみ温泉」と名付けられ、十二ケ岳下山口からすぐの「いずみの湯」の露天風呂でそのお湯を楽しめる。泉質は低張性アルカリ性温泉、血圧の低下や痛みを和らげる効果があるそう。西湖には河口湖や山中湖とはまた違う、落ち着いた静けさがあり、山々の息吹を感じながらゆったりとお湯に浸かれば、登山の疲れはもちろんのこと、世俗の疲れまで吹っ飛びそうだ。春・秋は登山客で、夏はキャンプ客でにぎわう。十二ケ岳の展望が美しい晩秋から 12 月なら繁忙期を避けてのんびりできる。

course guide

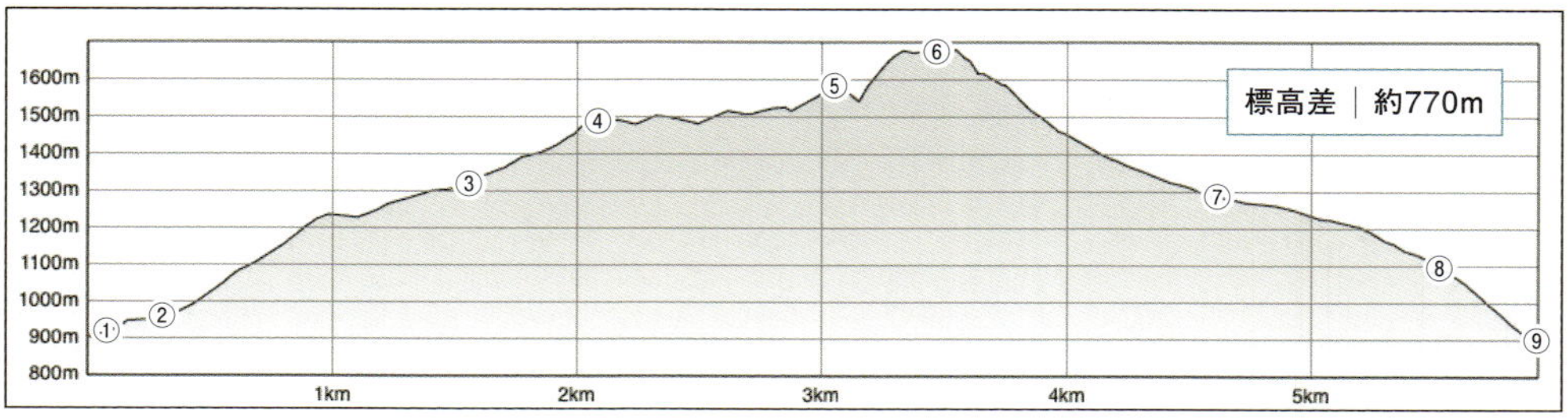

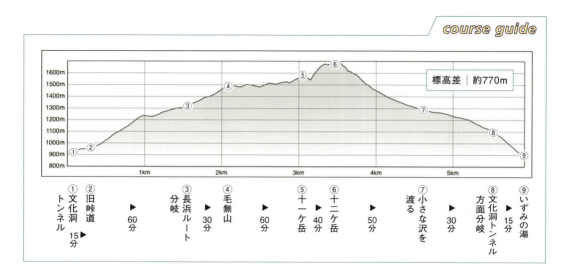

①文化洞トンネル ▶15分 ▶ ②旧峠道 ▶60分 ▶ ③長浜ルート分岐 ▶30分 ▶ ④毛無山 ▶60分 ▶ ⑤十一ケ岳 ▶40分 ▶ ⑥十二ケ岳 ▶50分 ▶ ⑦小さな沢を渡る ▶30分 ▶ ⑧文化洞トンネル方面分岐 ▶15分 ▶ ⑨いずみの湯

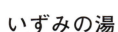

access

毛無山・十二ケ岳登山口までは、中央本線・富士急行線河口湖駅から毛無山登山口までバスで30分。帰路は、桑留尾バス停からバスで河口湖駅まで。いずみの湯を利用すれば無料シャトルバスも有り。

富士箱根エリア
Fuji Hakone Area

霊峰を間近に 秋の稜線歩き

ONTORE No.06
Mikunisanryo

三国山稜縦走《みくにさんりょうじゅうそう》

歩行距離 | 約10.5km

難易度 | 体力 | 技術度 | ★★

三国を渡る 山歩きを楽しむ

三国山稜は、静岡、山梨、神奈川の3県の県境である三国山を東端に、西は篭坂峠まで続く緩やかな尾根だ。稜線上は美しいブナ、ミズナラ、カエデ類を中心とした広葉樹の森が広がり、歩きやすく、森も美しい。登山者の姿は意外に少なく、静かな山歩きを楽しめる。スタートの篭坂峠は、丹沢の山並みが富士山の裾野とぶつかり終焉するところ。山中湖村公園墓地が登山口となる。左右に墓地を見ながら東へ進むと「三国山ハイキングコース」の道標がある。コース序盤は、平坦に近い緩やかな登り。周囲は明るい広葉樹の森が広がって清々しいが、足元の道は黒く、雨どいのように所々えぐれている。山稜一帯は富士山が噴火した際の「スコリア」と呼ばれる噴出物が堆積した土壌が覆っており、登山道は浸食を受けやすいのだろう。

1. 公園墓地を奥へ進むとハイキング路の道標がある 2. スタートして30分ほどで着くY字の分岐 3.Y字分岐先の谷間をいく 4. 立山山頂は展望ゼロだが、立山展望台までくればこの景色

立山展望台から富士山を独り占め

30分ほどでY字の分岐に着く。道標は左を指しているが、立山の展望台を目指すので、ここは右手の谷間へ。はっきりと見えていた谷筋はやがて左右に広がり、やや進路が判然としなくなったため地形図を確認した。緩くなった谷を詰め上がると立山と畑尾山の稜線鞍部に出る。右折して軽く登ると、あっけなく「立山」に着く。平坦な山頂は全くピーク感もなく、樹林に覆われて展望もない。南へ10分ほど森の中を進むと眺めの良い「立山展望台」があり、そちらへ向かう。展望台は樹林がぽっかりと開け、富士山の眺めが素晴らしい。人影もなく雄大な富士の姿を独り占めした。来た道を戻って畑尾山へ。周囲の森は秋の彩りが豊か。目に留まったマユミの実を近くで見上げると、濃い桃色が青空に映えていた。春には新緑、梅雨時にはサンショウバラの花を探し歩くのもいいだろう。冬なら雪の森を楽しめる。畑尾山の山頂を

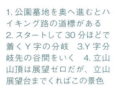

過ぎて下って行くと「アザミ平」と呼ばれる草地に出る。フジアザミが群生していたことが名の由来だが、今はその姿はほとんどない。少し進んで振り返ると、畑尾山の右肩に、富士山が頭を覗かせ、アザミ平を抜けて登って行くとその姿はさらに大きくなった。大洞山が近づいてくると、大きなブナが増え、林相が一層美しい。20年近く山を歩いていても、ブナの森の雰囲気には未だ飽きることなく、うっとりさせられる。大洞山の山頂部は広くなだらかで、高揚感は少々薄い。山頂標識の少し手前には角取神社奥の院があり、急な斜面を少し下った岩陰に祠が祀られている。大洞山の南麓地域は、山稜から吹き下ろす強い北風にさいなまれていたようで、これを鎮めるために風の神（角取さま）が祀られているのだとか。そういえば小山町の山頂標識には「大洞山（角取山）」の文字もあった。

三国山までは楢木山、ヅナ峠を越えて行く。樹林の切れ目か

5

秋に彩られた
ブナの森

7

6

静かな樹林の中に三国山のピークが

9

8

5. 三国山稜は、先を急がずのんびりゆったり歩きたくなる　6. アザミ平の西端分岐　7. 振り返ると「あ、富士山」。コース中はそんな場所がたくさん　8. 大洞山の山頂はなだらかな森の中　9. 箱根の山がコースの随所で樹間から見える

11

10

ら時おり箱根の外輪山と中央の火口丘が見える。紅葉した木々が輝き、緩やかな起伏のリズムと相まって心地良い尾根道だ。
三国山の山頂は三県の県境を成す、静かな樹林の中にある。南側は木々の間に少し景色が望め、座ったベンチからは愛鷹山の鋸岳がギザギザした山容を見せていた。山頂からは一気に下りきって、道路に出れば三国峠だ。最後はオマケで鉄砲木の頭へ。コース終盤の登りは身体にこたえるが、頑張るだけのご褒美が待つ。峠の道路を行けば、ほどなくカヤトの原が広がり富士山が大きく姿を現す。山頂まで行くとさらに眺めが素晴らしく、富士山はもとより山中湖や石割山、杓子山、その奥に三ツ峠山から御坂山地と思しき山並みが見渡せた。下山道は、深く浸食された道で、足元は滑りやすい。「パノラマ台」に着いたら一旦車道を下る。10分ほどで左手に道標が出て再び登山道へ。程なく山中湖畔の国道に出る。

12

14

10. 三国山山頂も静かな樹林の中　11. 鉄砲木の頭への登り。雨樋のようにえぐれている　12. 鉄砲木の頭直下から振り返る三国山稜。なんてなだらかな稜線だろう　13. 山中湖が眼前に迫ってくると、やがてパノラマ台に着く　14. 終盤のご褒美は、カヤト越しの富士山

13

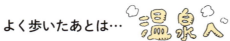

山中湖平野温泉

石割の湯

やまなかこひらのおんせん　いしわりのゆ

アルカリ性が高い
良質なお湯で極楽気分

温泉DATA

山梨県南都留郡山中湖村平野 1450　☎ 0555-20-3355　利用時間／10：00～21：00（受付～20：30）　定休日／木曜日（7月8月は無休）　料金／大人 800 円、学生 600 円、小学生 300 円（毎週水曜はレディースデー女性 600 円）

石割山（1413m）の登山口にあるので石割の湯という名前。地元の常連客が圧倒的に多いが、登山客も年々増えている人気のお湯だ。泉質はアルカリ性単純温泉。水素イオン濃度（pH 値）が 10.2 と非常に高く、肌触りが良く、美肌効果も期待できる。大浴場、露天岩風呂、露天檜風呂、寝湯、源泉ぬる湯など特徴あるお湯が揃い、それぞれに風情がある。特に周囲に樹木を配した露天風呂では、美しい緑に癒される。平屋のゆったりとした造りで、回廊の真ん中には緑が。木の温もりあふれる館内には、48 畳の大広間と 24 畳の広間、さらに個室（有料）があり、食べ物の持ち込みも OK だ。タオルは販売（220 円）、バスタオルはレンタル（150 円）。

course guide

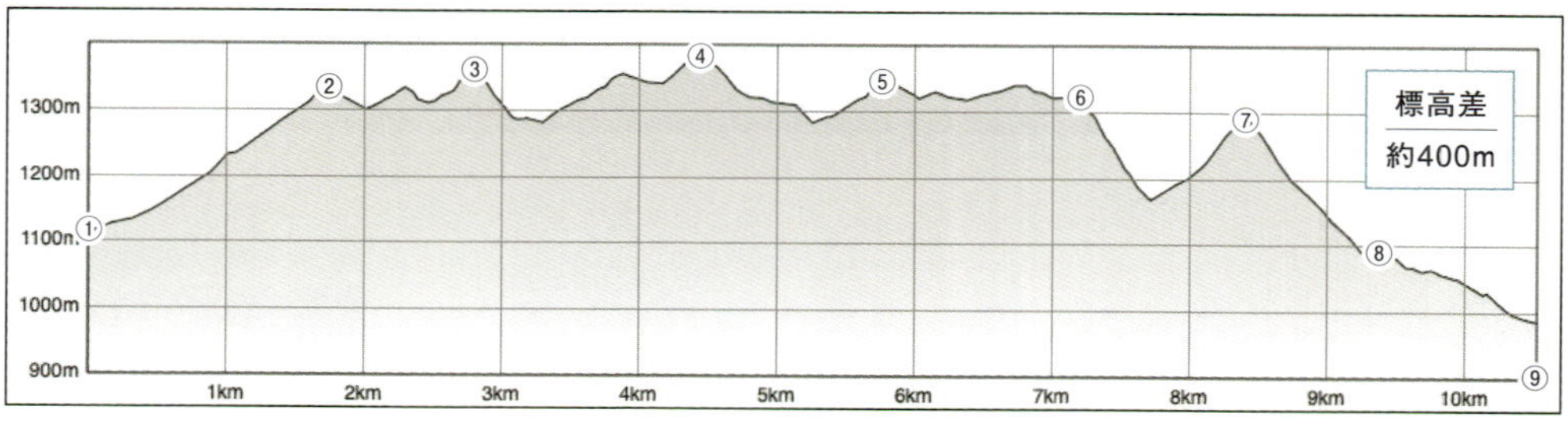

①山中湖公園墓地 ▶ 55分 ②立山 ▶ 20分 ③畑尾山 ▶ 55分 ④大洞山 ▶ 20分 ⑤栖木山 ▶ 35分 ⑥三国山 ▶ 45分 ⑦鉄砲木の頭 ▶ 25分 ⑧パノラマ台 ▶ 30分 ⑨三国山ハイキングコース入口

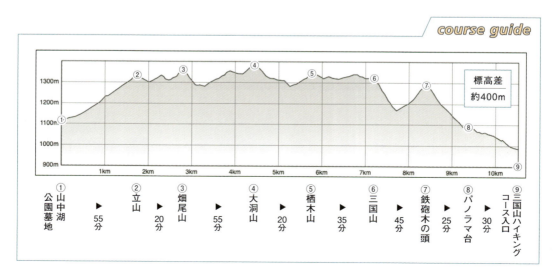

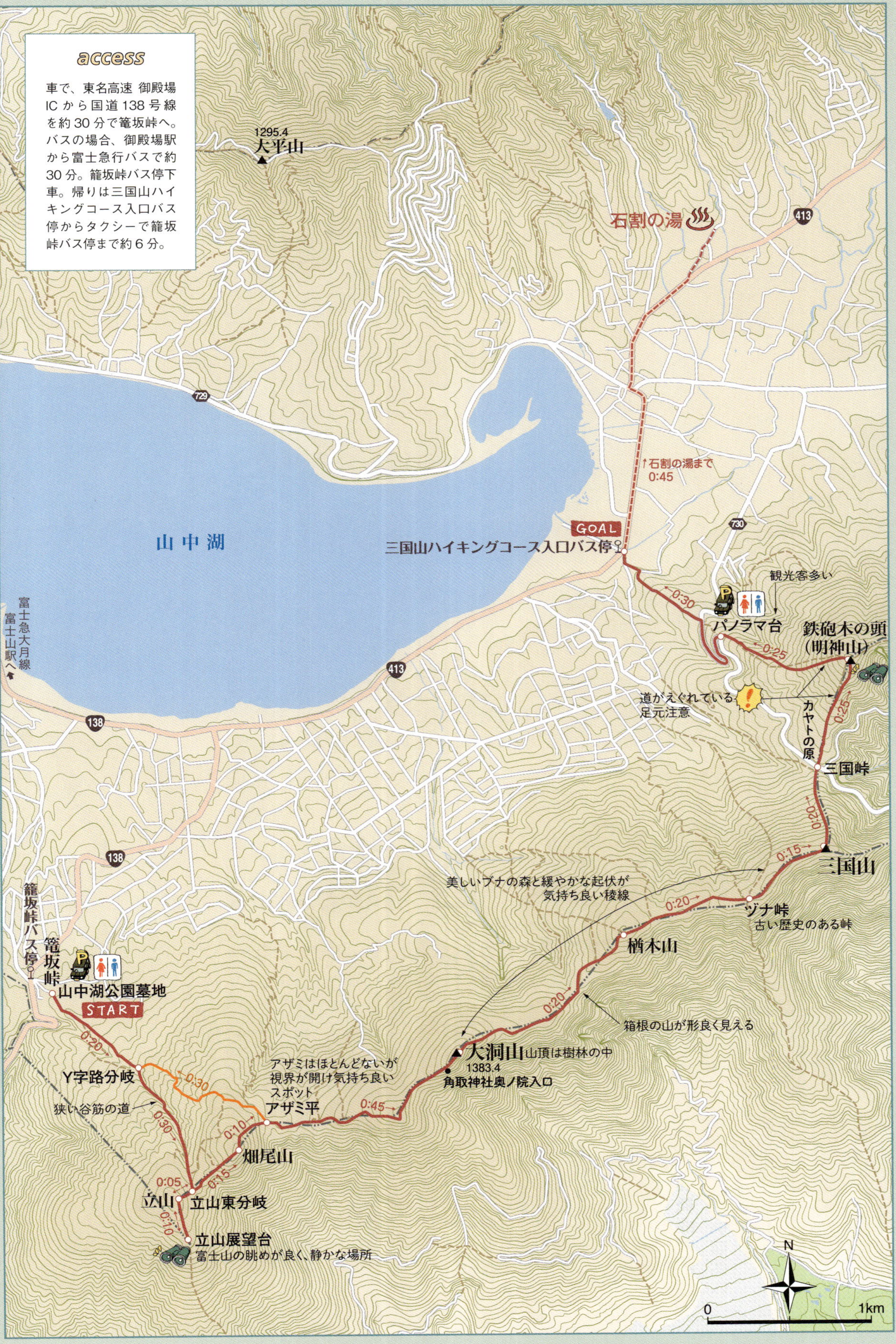
access
車で、東名高速 御殿場IC から国道138 号線を約30 分で篭坂峠へ。バスの場合、御殿場駅から富士急行バスで約30 分。籠坂峠バス停下車。帰りは三国山ハイキングコース入口バス停からタクシーで籠坂峠バス停まで約6 分。
1295.4
大平山
石割の湯
413
729
山中湖
↑石割の湯まで
0:45
GOAL
三国山ハイキングコース入口バス停
730
観光客多い
0:30
パノラマ台
鉄砲木の頭
（明神山）
0:25
道がえぐれている
足元注意
カヤトの原
0:25
三国峠
富士急大月線
富士山駅へ
413
138
0:20
0:15
三国山
美しいブナの森と緩やかな起伏が
気持ち良い稜線
0:20
ゾナ峠
古い歴史のある峠
138
楢木山
籠坂峠バス停
篭坂峠
山中湖公園墓地
START
0:20
箱根の山が形良く見える
0:20
大洞山
山頂は樹林の中
1383.4
角取神社奥ノ院入口
アザミはほとんどないが
視界が開け気持ち良い
スポット
0:30
Y字路分岐
狭い谷筋の道
0:30
アザミ平
0:45
0:10
畑尾山
0:15
0:05
立山
立山東分岐
0:10
立山展望台
富士山の眺めが良く、静かな場所
N
0
1km

安倍川流域エリア
Abekawa Ryuiki Area

立ちはだかる崩れ！
ガレとザレの来襲

OUTDOE NO.
07
Ooyarei

大谷嶺
おおやれい

歩行距離｜約6km

難易度｜😀😀😀　体力｜👢👢👢　技術度｜⭐⭐

足場が不安定な
山登り初体験

　国土地理院の地図に大谷崩はあるが、大谷嶺は載っていない。大谷嶺は静岡市の梅ヶ島にある大谷崩の南斜面の上にあたり、山梨県では行田山と呼ぶ。大谷嶺から峰続きで山伏や八紘嶺に行けるロングトレイルコースもあるが、今回は梅ヶ島からのピストンコースを紹介する。森あり、ガレ場ありと変化に富んでいて、山頂からの展望も良く、小学生でも登れるハイキングコースと聞いていたが、登ってみるとガレ場が8割を占める、ヘビーな道のりだった。

　大谷嶺の駐車場に車を停め舗装道路を歩いていくと「ここは標高1247m」という看板が。頂まで800m弱なら楽勝かと高をくくる。途中、小説家・幸田文（1904～1990年）の『崩れ』の石碑が立っていた。『崩れ』は幸田が72歳のとき大谷崩の迫力に

延々続くかと思われる 斜め45度の道行き

まだまだ
序の口!?
足元だけを
見て歩く

1

2

3

point
新窪乗越から振り返ると、ザレ場の中にいま歩いてきた登山道が筋のように見える

4

1. 見上げると正面に見えるのが新窪乗越。大谷嶺山頂はもう少し右手にある。このあたりは岩が多いがそのうちザレ場になる　2. 細かい石に足をとられて歩きにくい。まるでやわらかな砂浜を歩いているよう。ジグザグを切りながら進む　3. 傾斜は45度くらいあろうか。ふと横を見たり、後ろを振り返ったりすると、立ちくらみしそうなほどの急斜面　4. 新窪乗越に到着。ザレ道の急登りから解放され、地面が斜めでなくフラットになった喜びは大きい

魅了され、全国の崩壊地を歩いたルポルタージュだという。登山口をスタートして灌木林を歩き、崩壊地を何度か横切る。時折、森の奥からシカの鳴き声が聞こえてくる。

砂防ダム（堰堤）を越えると扇の要だ。大谷崩は扇状に崩れていて、その中央部分を〝扇の要〟と呼ぶそうだ。そこからだんだん木々が少なくなり、足元に石が増え始める。道らしい道ではないが、ところどころにケルン、岩にペンキマーク、枝にビニールテープなど道標があるので目印にして進む。そしてついに大谷崩がドーンと目の前に。山肌が大きく崩壊し、荒涼とした景色が広がっていた。

長野の稗田山崩、富山の鳶山崩とともに、日本三大崩れのひとつとされる大谷崩は、富士山の噴火をもたらせた1707年の宝永地震で大谷嶺が山体崩壊したものだといわれている。山が崩れる理由は地質にもある。このガレ場にはマグネシウムや

6

point
山頂の崖っぷちに立ち大谷崩を見下ろすと迫力満点。大規模崩壊地を登ってきたと実感

7

下から風が
吹き上げる
稜線を歩く

5

5. 新窪乗越から稜線歩きなど、ピークを３つ越えて大谷嶺山頂へ向かう。右手前方に見えるのが大谷崩　6. 山頂はお弁当を広げるのに十分なスペース。天気が良ければ南アルプスや安倍川流域の山々を望むことができる　7. 尾根道はアップダウンがけっこう激しい　8. この巨石は一体どこから転がってきたのだろう　9. 道しるべとなるケルンや赤いペンキに何度も助けられた

鉄を含んでいるような黒っぽくてもろい石が多かった。地盤がもろく、昔から土砂災害が起こりやすいエリアなのだ。コンヤ温泉の民宿「志むら」の志村満雄さんの話では、昔は崩れた岩が安倍川を下り、夜間に見ると川の中で岩と岩がぶつかり、火花が見えたという。また、岩が流れる時、ゴォーという地響きのような音が聞こえたそうだ。

崩壊地の左寄りをジグザグに進む。砂礫の足元は踏ん張りが利かず、とにかく歩きづらい。斜度45度はあるだろうか。あまりの急斜面に立ちくらみしそうだ。青空の下、稜線の窪みに新窪乗越が正面に見える。振り返ると安倍奥の山々、十枚山や竜爪山などが、墨絵のように段々に連なっている。細かく休みを取りながらもへとへとになり、駐車場から2時間30分ほどで新窪乗越に到着した。さっきまで汗をかいていたのに、山梨側から冷たい風が吹き上げてきて寒ささえ感じる。しかもガスってきた。

休憩もそこそこに山頂を目指して出発する。標高１７００〜１８００ｍを超えると、ブナやカエデのような広葉樹から針葉樹に変わってくる。赤い実をあたりに落とすナナカマド。コミネカエデ、オオカメノキ。サラサドウダンの紅葉まではあともう少しといったところ。

pick up

ガレ場が大半だが植物はあちこちに。キツイ斜面で花を見つけるとホッとする。ヒナギクのような白い花は、崖地や山野の林縁に生えるノギク。可憐な姿に強さを秘めている。グレーの地に彩を添える黄色い花はキリンソウの仲間。そして崖で足を滑らせたのだろうか、カモシカと思われる動物の骨が落ちていた。

多少ガスが出てはいるものの、
真下にダイナミックな大谷崩、
かなたに安倍奥の山々が連なる

大谷崩の最頂部を制覇する

時おり視界がパッと開ける稜線に出る。大谷崩のダイナミックな崩壊の様子を上から眺め、息を呑む。先ほど苦労して登った急斜面の登山道も見える。山頂まではアップダウンの連続。ロープや梯子に助けられながら、登る前に地図で見た稜線の３つのピークはこれだったのかと気付く。

何度目かの急登の末、最後は木の階段を上がって山頂へ。新窪乗越から約1時間かかってしまった。山頂からは富士山が見えると聞いていたが、ガスっていて視界ゼロ。山梨県早川町が設置した標識には「標高２０００ｍ」と書かれている。確か１９９７ｍではなかったか。前出の志村さんによれば、平成12年（２０００年）に、石を盛って標高２０００ｍにしたという。昼食を取って、来た道を戻る。下山のガレ場は滑りやすく、さらに落石を招きやすいので注意したい。

9

8

梅ヶ島温泉郷 コンヤ温泉

民宿志むら

うめがしまおんせんきょう
みんしゅくしむら

冬登山にもうれしい 湯上りは体がポカポカ

温泉DATA

静岡市葵区梅ヶ島 3197-2　☎ 054-269-2212
日帰り入浴／大人 600 円（日帰り入浴は事前に電話を入れること）

コンヤ温泉のお湯は pH10 という県下でも有数の単純硫黄泉。pH 値が高いアルカリ性の温泉は、一般的に美肌湯と呼ばれる。ヌルッとしたお湯につかっていると肌がツルツルになっていくのを実感する。しかも湯上りは体がポカポカして湯冷めしにくく、寒い季節はお湯のありがたさを実感する。

志村満雄さん・とし江さんご夫婦が切り盛りする民宿志むらは、昔は山登り客や釣り客が多かったそう。山野草を眺めながら入る露天風呂は檜風呂と岩風呂の２つあり、湯船が大きな内風呂は、窓越しに坪庭が見えてこちらも開放感たっぷり。御主人に聞けば大谷嶺をはじめ地元の話などいろいろ教えてくれる。お話し上手で、時間の経つのを忘れてしまう。

course guide

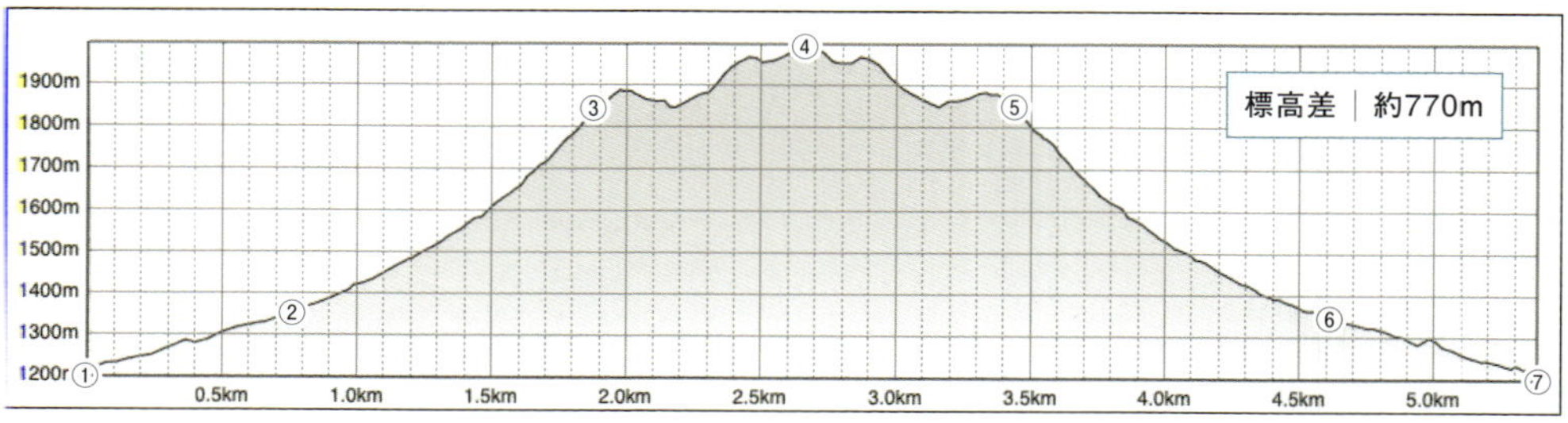

①大谷嶺登山口 ▶30分 ②扇の要 ▶100分 ④新窪乗越 ▶45分 ④大谷嶺 ▶35分 ⑤新窪乗越 ▶60分 ⑥扇の要 ▶25分 ⑦大谷嶺登山口

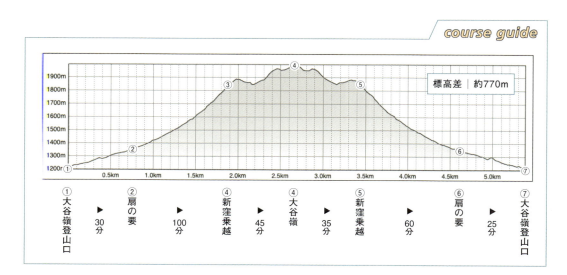

access

新東名新静岡ICから県道27号線（安倍街道）を井川方面へ。玉機橋交叉点を県道29号線の梅ヶ島方面へ進む。大谷川渡ってすぐの川沿いの工事用道路を左折。梅ヶ島別荘地内を通り、大谷嶺登山口駐車場へ。新静岡ICから約60分。

自然が息づく
陽だまりの森へ
ONTORE No.
08
Ikawatouge~Sasayama

井川峠《いかわとうげ》〜笹山《ささやま》

歩行距離｜約7.5km

難易度｜ 体力｜ 技術度｜

ゆるゆる歩ける井川の山道

大井川の上流、井川湖畔の東側一帯には、「静岡県県民の森」が広がっている。山伏から勘行峰まで南北に伸びるこの森の、ほぼ中央に位置するのが笹山だ。稜線沿いの山道はゆるやかで、頂上からは富士山、井川湖、南アルプスの山々を一望できる。

笹山の頂上に向かう道は大きく分けて二つある。一つは林道・勘行峰線沿いにあるふもとの登山口から登るコース。もう一つは、笹山の南にある県民の森キャンプ場から、尾根伝いに北上するコースだ。今回は井川峠を経由して笹山へ至る、後者の道を歩いた。

スタート地点は、県民の森・第三駐車場。まずは「カエデ広場」を通り抜け、井川峠につながる遊歩道に出る。広い尾根の東端沿いに伸びる一本道は、日当たりが良く、右手に県境の

2

1

山々を眺めながら歩くことができる。斜面もそれほどきつくなく、丸太階段が整備されているから安心だ。

一帯は針葉樹と広葉樹が入り混じった雑木林で、初夏には新緑が、晩秋には紅葉が楽しめる。この日もカジカエデやコミネカエデ、カラマツなどの樹木が色づいていた。足元には落ち葉やリスが食べ残したドングリが散らばり、イノシシが掘り起こした窪みもちらほら。姿は見えないものの、生命の営みがそこかしこに息づいている。

20分ほど歩くと、道端に赤く錆びついた檻を見つけた。隣には「クマを捕獲するオリ」と書かれた案内板が。今は使われていないものの、この辺りでは昭和45年ごろまでクマが捕獲されていたそうだ。自分が今、深い山の中にいることに改めて気づかされる。

その先には休憩用の東屋がある。ここからの道は斜面が急になり、次第に息が上がってくる。坂を越えると、井川峠にたどり着いた。笹山へ向う南北の道と、梅ケ島から井川へ抜ける東西の道とがぶつかり合って十字路を作っている。

井川に至る道はスタート地点のキャンプ場にもつながっているから、ここでエスケープも可能。梅ケ島方面はほとんど崖のような斜面が続いていて、下りられそうな道がない。歩くのは危険だが、これでもかつては人の往来があったという。昔の人、恐るべし。

標識を見ると、ここから笹山

動物たちの営みがそこかしこに

3

5

1. 頂上から見る井川の山々。井川湖やスキー場のゲレンデが見える　2. 訪れたのは10月末。紅葉の中、遊歩道を行く　3. 中間地点となる井川峠を越える。ここからは山道になる　4. 東西と南北の道が交差する井川峠。ここで折り返す人も多い　5. 峠付近は適度なアップダウンが続く

4

point
十字路を示す井川峠の看板。ここがコースの中間地点！

7

6

峠を越え、広葉樹の楽園を進む

までは約2km。峠の先は森が深まり、広く、ゆるやかな登山道が続く。落ち葉で道が分かりにくいため、枝にくくられたテープを目印に進んでいく。途中、木々の間から大谷崩れが見えた。むき出しになった鼠色の山肌が、遠く離れたここからでもよく分かる。耳を澄ませば、安倍川の瀬音も聞こえてくる。

　山道の先には、黄色く色づいたブナの巨木が待っていた。無数の枝葉が空を覆い、まるで森の主のようだ。この木を起点に、コースは西に曲がり始める。鹿の角研ぎ跡が残る木立を抜けると、急に視界が開け、目の前に笹山が姿を現わした。

　力士を間近で見たような、どっしりとした存在感。周りには笹が茂り、これが名前の由来かと合点がいく。ゴールは目の前と言いたいところだが、ここが今回のコース中、最もきついポイント。まずは行く手を阻む巨大な岩を、注

6. 黄色く染まる巨大なブナの木。生命力にあふれている　7. 道すがら、安倍川を挟んで向かいにある大谷崩れが見えた　8. 山頂から望む富士山。山頂付近の大沢崩れが見える

8

うおっほー
富士山メチャ
きれい

9. 見上げれば青空。天が近く感じる　10. 帰りは別ルート。一度、井川峠に戻った後、林道へ続く道を歩いた　11. 苔に覆われた道を行く。フカフカした踏み心地が気持ちいい　12. 林道から見た風景。紅葉の山々が、西日に照らされて輝いていた

10

9

11

point
時と共に移り変わる井川湖の表情に注目しよう

12

意深く乗り越える。急こう配の斜面は落ち葉と小石で滑りやすく、踏ん張りながら一歩ずつゆっくり登るしかない。わずか数分の行程にも関わらず、シャツは汗ばみ、息たえだえの状態になる。

だが、そんな苦労も、頂上にたどり着けばすべて報われる。西に富士山、北には南アルプス最南部の山々、南は竜爪山を越えて静岡の市街地まで、見渡す限りの景色が待っているからだ。

山の真下には、井川湖が広がる。戦国から江戸期にかけて豊富な金の産出量を誇った「笹山金山」の遺構は、ダム建設に伴い、湖の底に沈んだという。その水面は、西に傾き始めた陽に照らされ、黄金の輝きを放っている。時計を見ると、スタートから4時間が経過していた。

帰りは井川峠まで戻り、そこから林道に降りて駐車場へ向った。林道沿いから望む、西日に映える山々もまた格別だった。

口坂本温泉《くちさかもとおんせん》

鹿の声を聞きながら長くゆるく浸かる

井川から静岡市街地へ抜ける県道27号沿いにあり、山間の秘湯として名高い口坂本温泉。アルカリ性のナトリウム－炭酸水素塩泉はとろみがあり、柔らかな肌ざわりが心地良い。露天風呂は掛け流しで、38℃と高すぎない温度。1時間以上かけてのんびりと湯を楽しむ人が多いという。時折、聞こえる鹿の鳴き声に耳を傾けながら、夏は山の新緑、秋は紅葉を楽しめる。営業は午後4時半までと短めなので、利用する場合は注意を。

温泉DATA

静岡市葵区口坂本652　☎054-297-2155　利用時間／9：30 ～ 16：30（受付～16：00）　定休日／水曜日（祝日の場合は翌平日）、12/29～1/2　料金／大人300円、3～11歳100円

南アルプス赤石温泉

白樺荘《しらかばそう》

南アルプスが見える温泉！

泉質は単純硫黄泉でpH値9.5の美肌の湯ともいわれる。内湯の窓越し、そして露天風呂から南アルプスを眺めながらほっこりくつろいで。シカ刺しやヤマメおろしそばなど山間の温泉地らしい料理も味わえる。

温泉DATA

静岡市葵区田代1110-5　☎054-260-2021　利用時間／10：00～18：00　12～3月は～17：00　定休日／火曜日（8月と11月は無休）　料金／中学生以上510円、小学生200円

course guide

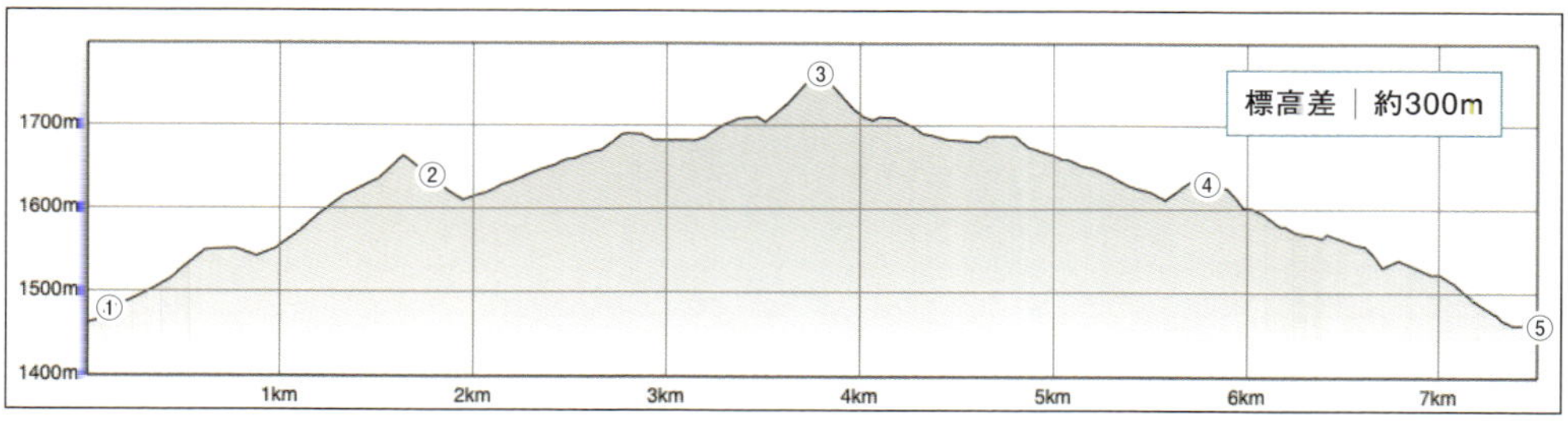

①県民の森第3駐車場 ▶65分 ②井川峠 ▶75分 ③笹山 ▶45分 ④井川峠 ▶45分 ⑤県民の森第3駐車場

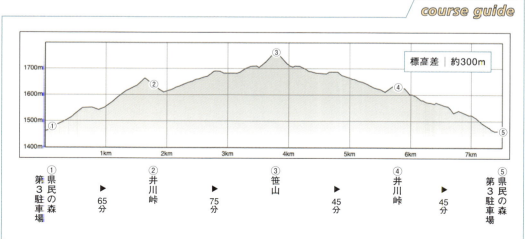

access

静岡方面から車で安倍街道を北上し、信号「玉機橋」を左折。県道27号経由で口坂本温泉を越え、静岡県県民の森へ。温泉付近は通行止めになることもあるので、その場合は県道189号・60号を経由し、大日峠で合流を。

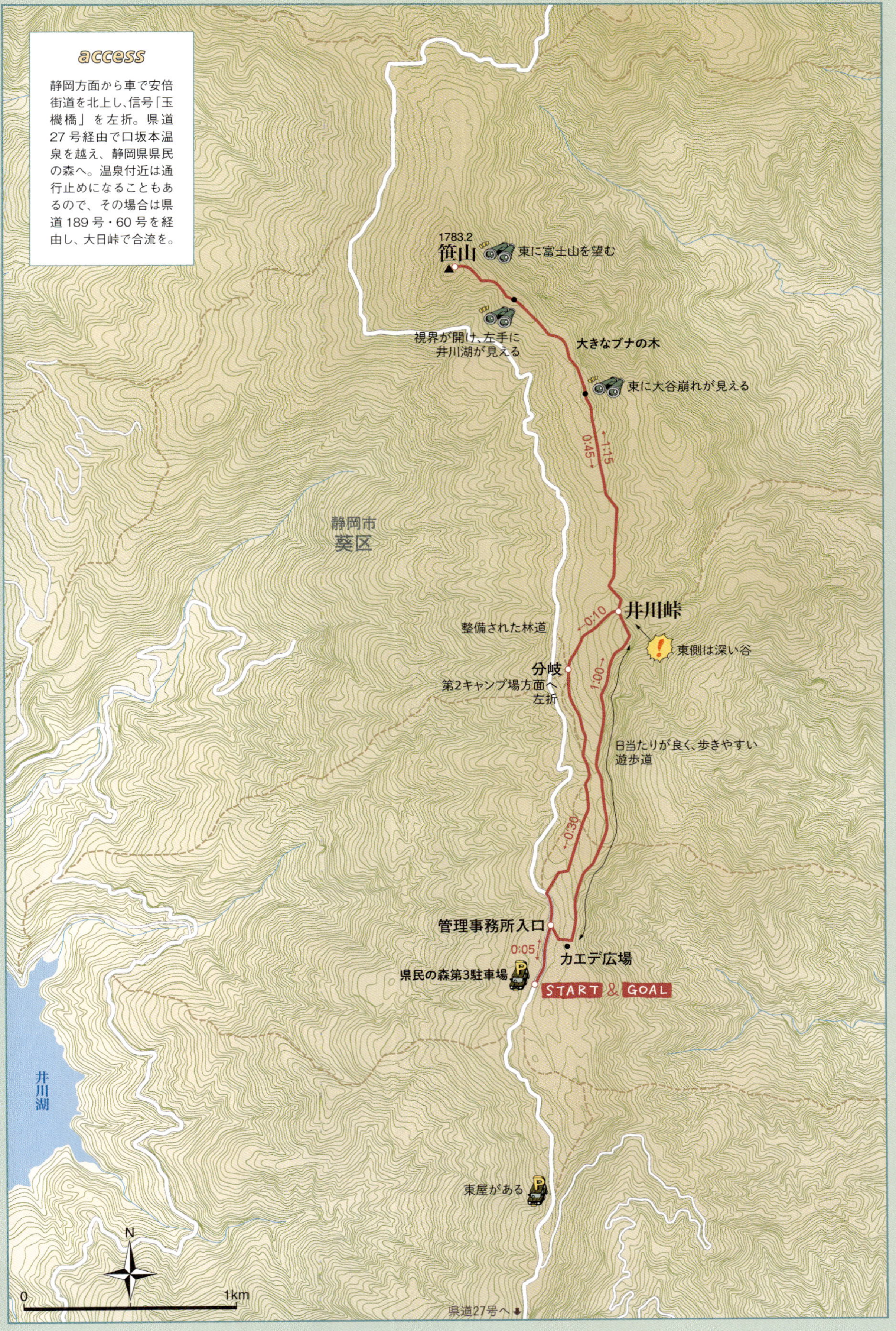

安倍川流域エリア
Abekawa Ryuiki Area

安倍奥の魅力がぎゅっと詰まった山旅を

ONTORE No. 09
Oopikkariyama

大光山《おおぴっかりやま》

歩行距離｜約13㎞

難易度｜　体力｜　技術度｜

ひなびた里から始まる山歩きの醍醐味

「おおぴっかり」。なんて愛らしい名前だろう。古いガイド本などでは「おおびっかり」「おおぴつかり」などの記載も見つかるが、名の由来については不明なようで今は概ね「おおぴっかり山」の呼称で親しまれている。大光山は、北は安倍峠を起点に南は賤機山、静岡浅間神社へと続いて消える「安倍東山稜」の一角だ。山稜の盟主として登山者を集める十枚山の陰に隠れて目立たぬ存在だが、山頂から安倍峠へと続く稜線の雰囲気のよさは抜群で、静かで気持ち良い山歩きを楽しむことができる。

スタートは草木のバス停。登山口までは草木集落方面へ、タチ沢沿いに東へ伸びた舗装路を進む。草木はわずか5世帯ほどの小さな集落で、山間に肩寄せ合うように佇む様子は日本の原風景のようで美しい。集落を抜けると登山ポストがあり、その

植林帯の急登は山里の美

1

2

3

先に堰堤が見えてきたところで登山道となる。堰堤を巻くように左手の斜面を登り、堰堤上の沢床に出る。右から別の沢が合流して広がり、進路はやや分かりにくい。左手の林の方を見ると薄く踏み跡があり、こちらを進む。100mほどで沢を渡り、ここからは沢の左岸を辿るトラバース道となる。周囲はスギやヒノキの植林帯となるが、突如カツラの大木が現れる。紅葉した葉を広げ、すらっと白く株立した樹形が美しい。目線を落とすとジンジソウの白い花が。花の姿を「人」の字に見立てた可憐な花だ。

途中、つづら折れの急登がある。沢沿いの序盤は、道幅が狭くザラッとしていて滑りやすい箇所も多く、気をつけたい。やがて斜度が緩み左へカーブするように沢を2本渡ると、再び植林帯のつづら折れの急登が待っている。ここを登りつめた先が「東峰分岐」だ。東峰は日本一高い茶畑のある集落。「分岐」とあるが、今はそちらへ向かうルートは整備されていない。ここから平坦な道をしばらく行く

1. スタート地点の草木バス停。駐車スペースもあり　2. 山間にある草木集落　3. 沢沿いを登り始めてすぐに出合うカツラの大木　4. どっしりした山容の十枚山。安倍奥東山稜の盟主たる風格

4

5

5. 山頂への最後の登り。この先に素晴らしい景色が待つ　6. 十枚山へと続く稜線。紅葉した山肌が美しい　7. 主稜の分岐。右手は十枚山へ。大光山頂は、左手すぐ　8. 大光山の山頂は樹林の中

と「水場の小屋」へ着く。道はここから左手へ直角に曲がり、また植林帯の急登となる。標高差約250mの登りで、本コース一番の頑張りどころだ。そこを登りきると、山頂から西へ伸びた尾根上に出る。周囲の景色は一変し、ブナやカエデなどの広葉樹の森が広がり、気持ちの良い風が吹き抜ける。この先は登るにつれて視界が開けるようになり、ご褒美のような景色がたくさん待っている。樹間からは、大谷嶺や十枚山の姿が見えてきて、やがてササが一面に生い茂るようになる。空が広けたササ原にはブナやオオイタヤメイゲツ、ダケカンバなどが点々と見える。十枚山の右手には、青い山並みの下に静岡の街が霞んで見え、北には山伏から安倍峠、その奥には白根南陵の布引山や笊ヶ岳、南アルプス南部の山々が頭を覗かせていた。大光山の山頂標識がある場所はこの先だが実際には少し下がっており、眺望はゼロ。三角点がある

静岡の最奥に鎮座する山並みが一望できる

6

point
静岡・山梨の山ではおなじみの通称お団子標識

8

7

10

11

9

9. わさび沢の頭から先はヤセ尾根、ガレ縁の通過がある。要注意　10. 大光山頂から主稜には、うっとりするような美しい森が続く　11. 霧がけむるブナの森は神秘的　12. 夕陽に染まる富士山。対峙するのは、天子山地の毛無山

のみだ。標高の高さも展望の良さも、真の大光山の山頂は三角点ピーク手前のこの展望地だ。ゆっくり過ごしたい。

刈安峠、十枚山方面への分岐に出ると、東山稜の主稜となる。この先はもう厳しい登りはなく、大光山山頂を経て、小ピークをいくつも越えて、ブナを中心とした広葉樹の紅葉を眺めながらわさび沢の頭付近まで歩く。道中にはカラマツ林や天然ヒノキの大木、富士山の展望地もあり、景観は変化に富む。稜線上にはシロヤシオも多く、春には新緑と花見を楽しめる。わさび沢の頭から先、安倍峠にかけては山梨県側がガレており、やせ尾根の急な登下降になる。安倍峠に降りたら左手に進み、サカサ川の源流部を沢沿いに下っていく。一旦車道に出るが、少し進むと八紘嶺への登山口、その先に梅ヶ島温泉方向への山道があるのでこれを進む。下山と同時に温泉だ。

12

よく歩いたあとは… 温泉へ

湯元屋《ゆもとや》

虹乃湯《にじのゆ》

歴史あるいで湯で
サラサラしっとり肌に

梅ヶ島温泉街の一番奥にある食事処「湯元屋」の日帰り温泉。梅ヶ島温泉のお湯は、古墳時代の応神天皇（3～4世紀）にもその存在が知られていたという歴史あるもの。虹乃湯のお湯はかけ流しで、加温あり。9.6とpH値が高くアルカリ性が強いお湯はぬめりがあるが、入浴中から肌がサラサラになるのを実感。湯上りはしっとりとする。硫黄の匂いも温泉らしさを盛り上げる。山深い景色を眺めながら入る露天風呂は、新緑や紅葉の頃、ひときわ人気がある。時間が許すなら湯元屋で腹ごしらえしていくのも良し。手打ちそば、静岡おでん、手作りこんにゃく料理、川魚料理など、安倍奥の秘境ならではのメニューが揃っている。

温泉DATA

静岡市葵区梅ヶ島5258-13　☎054-269-2318
利用時間／10：00～16：00　定休日／不定休
料金／大人700円　小学生300円

course guide

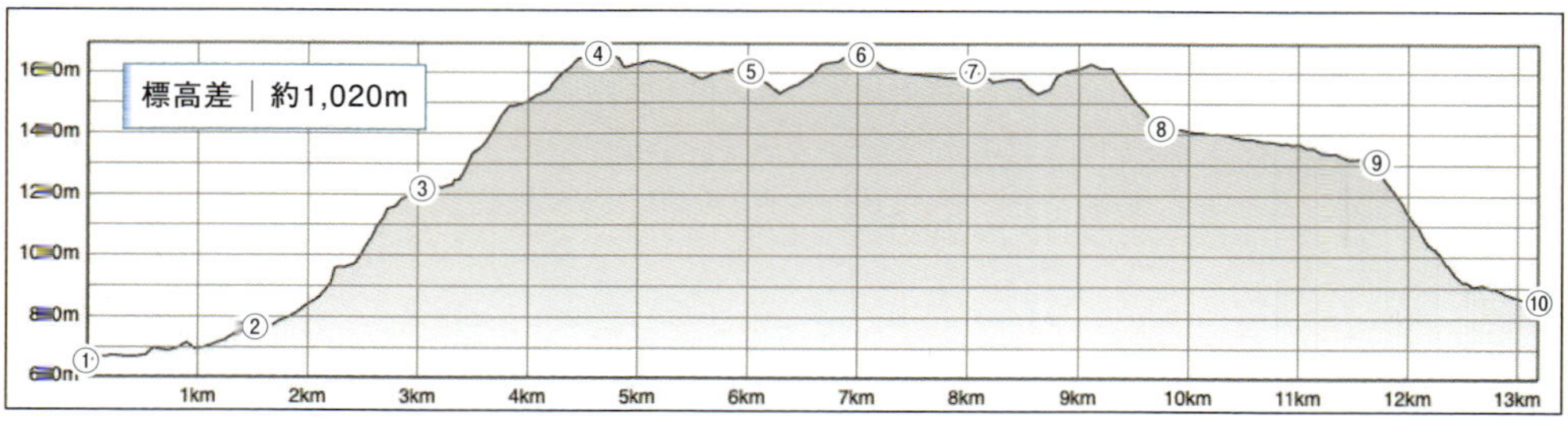

①草木バス停 ▶30分 ②登山ポスト ▶80分 ③東峰分岐 ▶105分 ④大光山 ▶30分 ⑤安倍の大滝方面分岐 ▶35分 ⑥大笹の頭 ▶40分 ⑦ワサビ沢の頭 ▶60分 ⑧安倍峠 ▶40分 ⑨八紘嶺登山道入口 ▶45分 ⑩梅ヶ島温泉

access

草木バス停までは、静岡駅から静鉄バス安倍線で約100分。マイカーの場合は、赤水の滝駐車場が利用できる。草木バス停までは徒歩2分。帰路は梅ケ島温泉から静鉄バス安倍線利用。草木バス停まで約10分。静岡駅まで約110分。

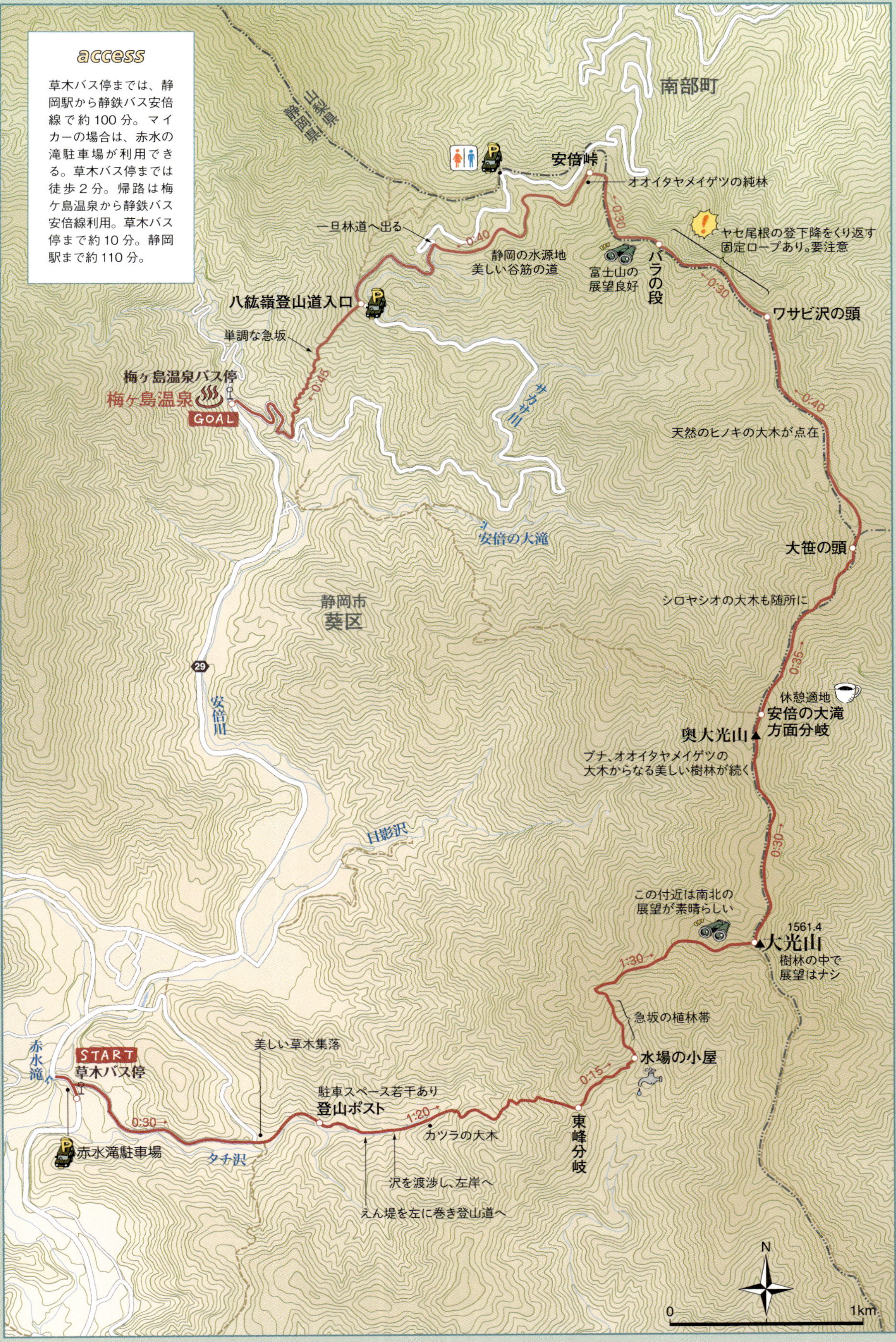

三山を越え、
渓谷の美に出会う

ONTORE No.
10

Itadoriyama
Sawaguchiyama

板取山《いたどりやま》〜沢口山《さわぐちやま》

歩行距離｜約11km

難易度｜ 体力｜ 技術度｜★★

3 2 1 4

5

1. 山犬段からしばらくは歩きやすい遊歩道が続く　2. 見晴らしの良い八丁段。コース最初の休憩ポイントだ　3. 道中は色鮮やかな広葉樹が目を楽しませてくれた　4. 道端に落ちていたホオノキの実。皮の間からのぞく紅い種が鮮やか　5. 板取山の頂上。前黒法師岳や朝日岳が眼前に広がる

point
山犬段から板取山までは2時間弱の道のり。適度なアップダウンが楽しいコースだ

板取山～沢口山のプチ縦走に挑戦

玄人好みの山が多い南アルプス深南部の中で、板取山は比較的登りやすい山だ。稜線伝いに伸びる山道は、北東の天水、沢口山へとつながっている。今回は山犬段から、三山を経由して寸又峡の温泉街に到る「プチ縦走」に挑戦した。

島田方面から車で南赤石林道に入り、スタート地点である山犬段に到着する。広い駐車場には山小屋やトイレがあり、ここで一夜を過ごして早朝に山へ向かう人も多い。まずは板取山を目指して、北東へ伸びる山道を進む。

静岡大学演習林宿舎を過ぎると、コンクリートで舗装された大通りに出た。この先にある崩落地「ホーキ薙」を修復するために作られた車道らしい。しばらく行くと、道は二手に分かれる。一つは広い舗装道、もう一つは山道でどちらもホーキ薙で合流する。整備された道を歩き続けるのも味気ないので、山道を選択する。

途中、八丁段展望地に立ち寄る。南に大きく開けた平坦地で、川根の山々と大井川が一望できる。再び山道を行くと、崩落のため迂回路が用意されていた。手すり用のロープをつかみながら坂道を降りると、突然視界が開け、ホーキ薙の巨大な崩落地が姿を現わした。

眼下に広がる山の斜面一帯が、ごっそりと削られて山肌を露わにしている。すり鉢状に広がる砂地の崖は、巨大なアリジゴクの巣のようだ。あっけにとられていると、深い谷底から霧が立ち込め、視界が白一色になってしまった。

復旧作業が行われている工事現場の脇を通り、再び雑木林の山道を行く。広河原峠を越え、つづら折りの坂を上ると、板取山にたどり着いた。前黒法師岳が眼前にそびえ、朝日岳のガレ場も見える。天気が良ければ大

南アルプス最深部の山々が目の前に

無限山や聖岳を望むこともできる。

前黒法師岳と朝日岳は、これから向かう沢口山と合わせて「寸又三山」と呼ばれる。三山の中では、沢口山が最も標高が低く、道が整備されていて歩きやすい。板取山頂上で休憩を取ったら、次のピークである天水に向かう。

板取山から天水の間は、崖沿いの道が多い。やせ尾根を渡る途中、紅葉に染まる山の光景に目を奪われる。足を滑らせないよう注意しながら進み、40分ほどで天水に到着した。

標高1521m。今回のコースの中では、天水が最も標高が高い。板取山の山頂で見た時よりも、前黒法師岳が間近に見え、斜面の起伏まではっきりと分かる。辺りにはシロヤシオが群生しており、初夏には真っ白な花が見られるという。ピストン登山の場合、ここで折り返す人も多い。

天水を越えると、人工林の緩やかな下り坂が続く。ここから先は尾根が広く、似たような風景が続くため、ぼんやりしてい

6

7

6. 板取山―天水の間はやせ尾根もあり、起伏に富んだ道が楽しい　7. 中間ポイントの天水は視界が開けていて、景色もダイナミック　8.「横沢ノ頭」で一休み。巨大なスギと黄色に染まる木々の対比が見事

8

9. 沢口山の山頂。天候が良ければ朝日岳や大無間山が望める　10.「鹿のヌタ場」にそびえる大ミズナラ。幹回り5～6mはありそうだ　11. 最後はひたすら下り坂が続く　12. コース終盤は人工林だらけ。松葉で足元が滑りやすいので気を付けよう　13. 沢口山の登山口は温泉街のすぐそばにある

9

point

スタートから沢口山の山頂までは約3時間半。東屋もあるのでゆっくり休もう

10

12

11

13

早く温泉に入りたい

るとルートから外れてしまいそうになる。樹木に付けられた赤マークを目印に、慎重に足を運ぶ。

尾根の中腹に立つ「ウツナシ峠」の看板を過ぎ、「横沢ノ頭」に着くと巨大な杉の木が出迎えてくれる。根元には誰が供えたのか、おちょこや徳利の破片が散らばっていた。坂道を上り切り、寸又峡温泉へ下る道との分岐点を通り過ぎる。ここまで来れば、沢口山の山頂はすぐそこ。

この日は霧で見えなかったものの、天候が良ければ朝日岳や大無限山、東に富士山、西には南アルプスの聖岳や光岳を一望できる。

最後は分岐点まで戻り、ふもとを目指して下り坂を延々と降りる。途中、「鹿のヌタ場」と呼ばれる広い沼地があり、道沿いに幹周6・5mの大ミズナラがそそり立っていた。辺りは静かで、今にも「もののけ」が現われそうな雰囲気だ。

さらに進むと、富士見平と呼ばれる平地にたどり着くが、木立に囲まれて富士山は見られそうにない。ここからは道が「日向山コース」と「猿並木コース」の二手に分かれる。今回選んだ日向山コースは、アカヤシオやイワカガミの群生地、展望所など多くの見どころがあった。ただし、斜面は急で滑りやすいので気を付けたい。辺り一帯が人工林に変われば、ゴールである温泉街はすぐそこだ。

よく歩いたあとは… 温泉へ　［板取山～沢口山］

寸又峡温泉
翠紅苑
すまたきょうおんせん すいこうえん

美女づくりの湯で
お肌も心もぴかぴかに

温泉DATA

榛原郡川根本町千頭279　☎0547-59-3100
利用時間／11：30～20：00（混雑時は入場制限あり）※日帰り入浴希望の場合は事前に電話を入れること　料金／大人600円（浴室用タオル付）※タオル持参だと500円

寸又峡は南アルプス前衛の寸又三山への登山口としても知られ、観光客だけでなく、ハイカーにも人気が高い。泉質は単純硫黄泉で、とろりとしたお湯の感触と湯上り肌のすべすべ感から「美女づくりの湯」と呼ばれている。温泉郷の入口にある翠紅苑は、昭和37年に開業した歴史ある温泉宿。平成元年に始めた日帰り入浴は、登山者にも大好評だそう。静かな山間の風情と柔らかなお湯が、疲れた身体をほぐしてくれる。会長の望月孝之さんは「南アルプス深南部の山は、それほど高くはないがなかなか難しい。いろいろな山を登りつくした人が来る、通好みの山々です。懐深い山の自然をじっくりと堪能してほしいです」と話してくれた。

course guide

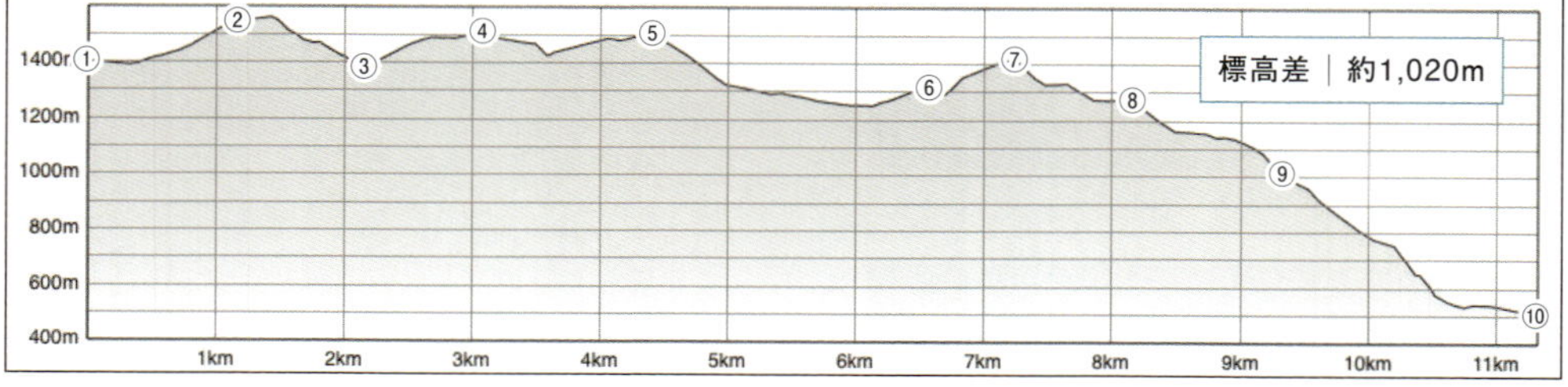

①山犬段 ▶45分 ②八丁段 ▶35分 ③広河原峠 ▶30分 ④板取山 ▶40分 ⑤天水 ▶60分 ⑥横沢ノ頭 ▶20分 ⑦沢口山 ▶30分 ⑧富士見平 ▶45分 ⑨ヤマイワカガミ群生地 ▶45分 ⑩寸又峡温泉

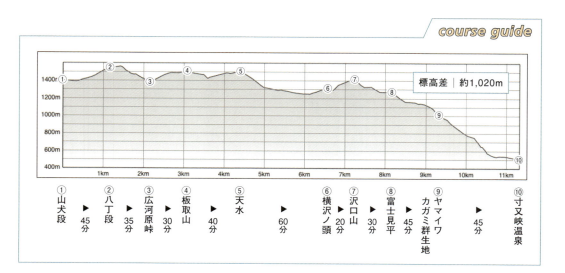

access

島田方面からタクシーで県道473号を北上、362号を経由して中川根郵便局の先にあるガソリンスタンド前の道を左折する。大札山の駐車場を越え、林道を北上して山犬段へ。帰路は寸又峡温泉から「千頭駅前行」のバスに乗り、大井川鐵道を利用。車で山犬段まで行き、寸又峡温泉で一泊する往復コースもオススメ。

初心者でも OK
美林が楽しめる道

ONTORE No.
11

大札山《おおふだやま》

Oofudayama

歩行距離｜約4㎞

難易度｜ 体力｜ 技術度｜

春から夏は花を愛でて歩く

大井川中流域にある大札山は、山の西側に深く伸びた南赤石林道をアプローチに使って手軽に山歩きができる、子どもと一緒のハイキングや登山の初心者にうってつけの山だ。手軽ながらも頂稜部周辺は美しいブナ林が広がり樹種も豊かで、春の新緑と秋の紅葉時は素晴らしい。早春から初夏にかけてはアカヤシオやミツバツツジ、その後はシロヤシオ、ヤマツツジにベニサラサドウダンと、次つぎに絵替わりするツツジの花見登山もお勧めだ。山麓から長く登るルートもあるが、「手軽に美しい森を楽しめる山」として「肩登山口からのコースを紹介したい。

スタート地点の「大札山肩登山口」は、山麓の県道から長いワインディング路の先にあ

シロヤシオ。またの名をゴヨウツツジ

る。車の運転に慣れていない人には少々辛い道だが、登山口まで行けば小広い駐車場とトイレがある。ちなみに、林道はこの先「山犬段」まで続いて板取山への登山口となる。大札山の肩から先は未舗装で、凹凸の激しいダートとなる。登山口の脇の案内には春に咲くアカヤシオの群生域が示されているが、序盤はヒノキの植林帯で薄暗い森を進んでいく。しばらく歩き、体が温まってきた頃には植林帯を抜け、ブナやカエデ類を中心とした落葉広葉樹の森へと変わる。林相がとても美しく、ブナの大木には足を止めて見惚れてしまう。樹種も多く、春から初夏にかけてはたくさんの樹木の花を目にすることができる。北尾根へまっすぐ上がる道と、右手にトラバースして山頂へ到る道の分岐に着く。どちらから行っても良いが、ぐるりと周回して戻りたいので右手のトラバース道を進む。急斜面を横切るこの道は、随所に鉄パイプで足場が組まれている。大きな危険はないが、少し足元が不安定な箇所もあるので、山側からの落石と併せて注意したい。この道も樹林が美しく、自然と口角が上がる。

ブナの巨木が待つ 森を抜けて

1. 登山口の案内板。アカヤシオ、シロヤシオの群生地が示されている　2. 良く整備された登山口をスタート　3. トラバース道からは、岩岳山や大井川の流れが樹間に見える　4. 山頂へ向かうトラバース道。足元に気をつけて　5. いつも見上げるブナの大木。周囲の木と比べるとやっぱり大きい　6. 岩岳山〜入手山の山並み。こちらもアカヤシオ、シロヤシオの山として名高い

7. 樹林に包まれた山頂は小広く、ベンチや展望台がある　8. 山頂南に開けた展望地　9. 北には、南アルプス南部、深南部の山並み。東には富士山も　10. 山頂北の展望台。深南部の盟主、大無間山がどっしりした山容を見せる

7

稜線歩きと森歩きを満喫

8

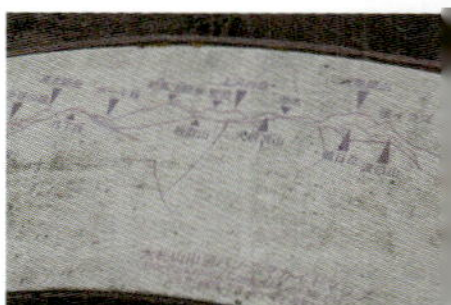
9

写真を撮りながらゆっくり歩いたが、北尾根との分岐点から15分ほどで山頂へと辿り着いた。山頂からは南アルプスの山並みと富士山が眺められ、南側のベンチの先には大井川の流れに沿って折り重なるように青い山並みが続く。わずか1時間弱ほどでたどり着いた山頂に、それほど達成感は感じないが、標高1373mの頂の空気はヒンヤリ引き締まっていてなかなか山らしい。脇に佇む祠に手を合わせ、一日の無事を祈ったらランチタイム。手軽に登れる山なのでちょっと贅沢に食材を詰め込んで、山頂でゆっくり昼食を

10

12

11

13

11. 下山する北尾根の中盤。痩せた尾根の起伏がある　12. 最後は未舗装の林道を歩いて駐車場へ戻る　13. 北尾根を左手に降りると、林道はすぐ

とった。満喫したら稜線を北に、北尾根コースへと進む。緩やかに蛇行し起伏する稜線上も相変わらず森の雰囲気がよい。「あ〜やっぱりいいなぁ…」と独り言がでる。この森の雰囲気が、大札山を何度も歩きたい気持ちにさせるのだ。樹皮が特徴的で、すぐに判別できるヒメシャラの大木が点在し、春には足元にイワカガミの花が咲く。山頂から10分足らずで肩コースとの分岐に着いた。早く下山したい時は、左手に肩コースへと下れば駐車場までは30分もあれば着く。まだ森歩きを楽しみたいので、ここは北尾根をそのまま進む。少し痩せた箇所もあってそれなりに注意は必要だが、そうした場所は樹林が開け、眺めも良い。途中、笠の形が特徴的な黒法師岳やバラ谷の頭と思しき山稜が見えた。山深い南アルプス深南部の山並みだ。終盤は小さなアップダウンをいくつか越えるが、樹林の美しさはずっと続く。やがて尾根上に「北尾根登山口3分←」と書かれた道標が出て来る。ここで尾根から外れ左へ下れば程なく林道にでる。ここからは駐車場まで未舗装の林道歩きとなる。起伏は単調だが、林道脇には草木の彩りもあり、西側の視界はドーンと開けているので、山を眺めて歩けば飽きてしまうこともない。鼻歌を歌いながら30分ほどで駐車場に着く。

pick up

肩登山口から登る大札山は、歩く距離が短かく手軽だけれど、味わえる森の美しさは一級品だ。花と新緑の春、鮮やかな紅葉の秋は特におすすめ。一度だけではなく、ぜひ季節を変えて出かけてみて。山歩きがもっと好きになるはず。いつもより少し食材を贅沢にしたり、山でのランチをゆったり楽しむ山としてもオススメ。

川根温泉

ふれあいの泉

かわねおんせん

湯量豊富な自噴泉
いいお湯に疲れも吹き飛ぶ

温泉DATA

島田市川根町笹間渡 220　☎ 0547-53-4330
利用時間／9：00～21：00（受付～20：30）
定休日／第一火曜（変動あり）　料金／大人（中学生以上）510 円、小学生 300 円

露天風呂から大井川鉄道の SL が走る姿を眺められる人気の日帰り温泉施設。毎分 730ml の源泉が自噴する湯量は県内でもトップクラス。湧き出た温泉は数時間以内に供給され、営業終了後に浴槽の温泉をすべて抜き、翌朝新しい温泉を注ぐなど、常に新しい源泉を提供する。泉質はナトリウム - 塩化物温泉で、お湯はやわらかくて温まりやすく、入浴後も湯冷めしにくいと評判だ。炭風呂、ひのき風呂など男女合わせて 11 カ所ある浴槽は、すべて加水循環なしの源泉かけ流しだ。80 畳の無料休憩所やテーブルとイス席のレストラン、地元食材を使う食事処など施設も充実。入館受付が 20 時 30 分までなので、下山してからでも余裕で立ち寄れる。

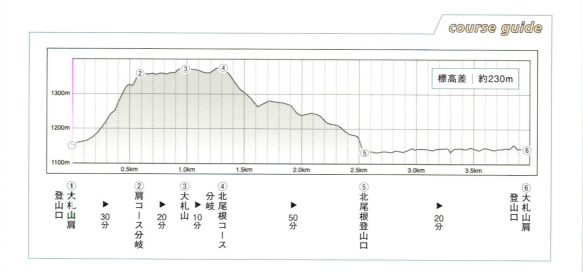

course guide

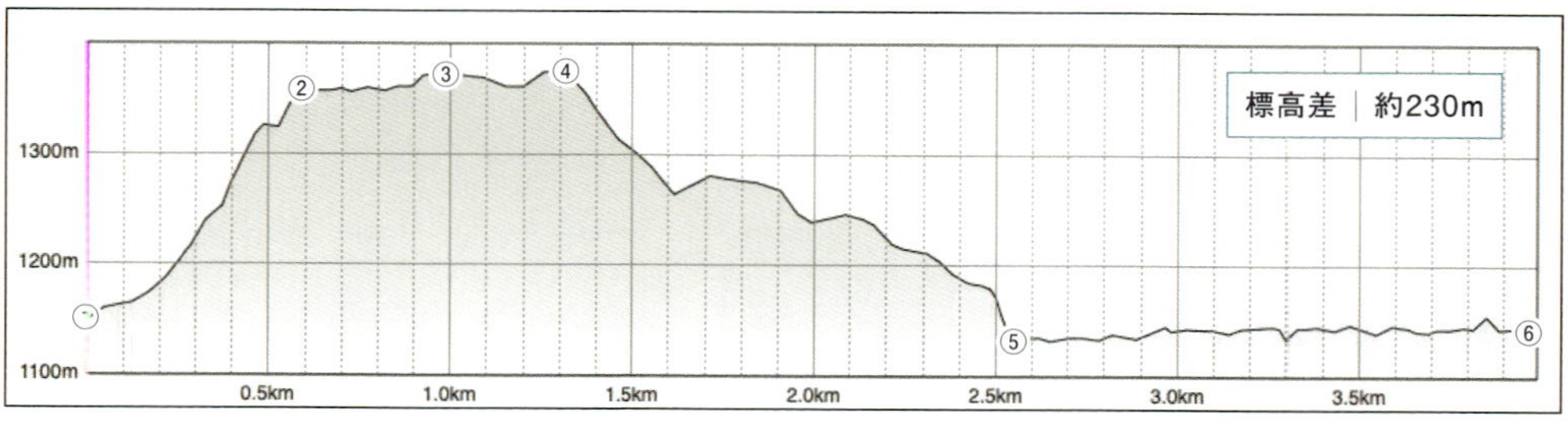

①大札山肩登山口 ▶ 30分 ②肩コース分岐 ▶ 20分 ③大札山 ▶ 10分 ④北尾根コース分岐 ▶ 50分 ⑤北尾根登山口 ▶ 20分 ⑥大札山肩登山口

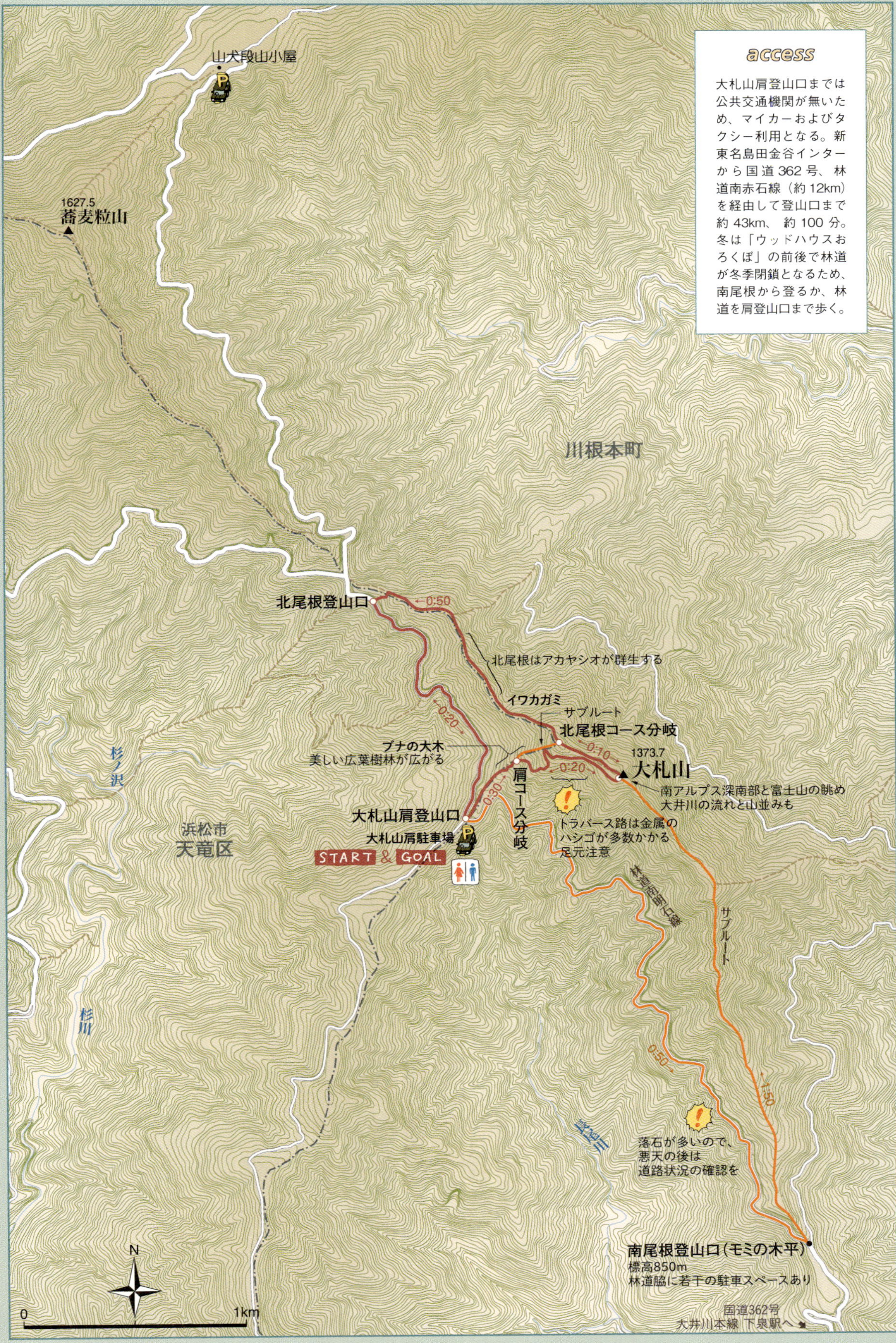

access

大札山肩登山口までは公共交通機関が無いため、マイカーおよびタクシー利用となる。新東名島田金谷インターから国道362号、林道南赤石線（約12km）を経由して登山口まで約43km、約100分。冬は「ウッドハウスおろくぼ」の前後で林道が冬季閉鎖となるため、南尾根から登るか、林道を肩登山口まで歩く。

かつての人の営みを感じながら歩く

熊伏山は、信州南端にそびえる静かで味の良い山だ。登路は青崩峠を経由する水窪口、南信濃口と山頂北東方面から登る天龍口とある。今回は古くは塩の道として遠州と信州を結び、人の往来が盛んだった旧秋葉街道の青崩峠を経由し、水窪側からアプローチするコースを紹介する。

　スタート地点は足神神社。その昔、足を痛めた北条時頼を回復させた村人を祀った、足の神様として名高い神社で、健脚祈願の足の絵が描かれた絵馬がたくさん納められている。境内の脇には、年間一万人以上も汲みに来るという湧き水もある。出発前に安全祈願と水の補給を兼ねて、ぜひ立ち寄ろう。神社から先は、しばらく舗装された林道歩きとなる。木地師の墓を過ぎ、急なヘアピンカーブが連続した先をさらに進むと「塩の道」

古の道から峠を越え
深い山行き

ONTORE No. 12

Kumabushiyama

熊伏山《くまぶしやま》

歩行距離｜約8㎞

難易度｜ 体力｜ 技術度｜★★

2

3

point
足神神社は、全国でも珍しい足の神様。山歩き愛好者ならば、ぜひお参りを。境内脇にある湧水も霊験あらたか

の立派な石碑が現れる。ここが熊伏山への登山口だ。

山道へ足を踏み入れると、植林されたスギ・ヒノキ林が広がり、周囲は急に薄暗くなる。いつの時代のものか、苔むした石畳が美しく伸び、これに案内されるように青崩峠まで進む。途中、信玄の腰掛岩の案内板がある。岩はやや尖っており、座ったらお尻が痛そうだが、信玄が座った姿を想像してみたりする。真偽の程は別にして、古の道にはこうしたエピソードがあちこちにあり、山旅にロマンを添えてくれる。

1

新緑のシャワー身体中に浴びて

5

4

1. 青崩の頭から眺める南アルプスと深南部の山並み。真ん中奥は聖岳、その手前右は双児峰の池口岳　2. 神社のすぐそばには「しっぺい太郎」のお墓も　3. 登山前に足神神社でお参り　4. 美しく苔むした石畳が青崩峠へと導く　5. 青崩峠を過ぎると植林帯が終わり、鮮やかな緑が溢れる

石畳が終わり、ようやく開けた場所に出ると、青崩峠に着く。秋葉街道における最大の難所とされたこの峠を、昔日の人々はどんな思いで越えて行ったのだろう。当時の面影は、峠に佇む馬頭観音や石碑から偲ぶ他ないが、自然とそんな思いが立ち上る。

古の峠道に思い馳せたら、さてここからが登山の本番だ。県境の尾根を西に進み、登り始めるとすぐに「青崩」の名の由来となった崩壊地の縁に出る。豪快に崩れ落ちた斜面の先に広がるV字谷の様相は見事だ。谷は春には新緑の海となり、秋は見事な紅葉が谷を染め上げる。谷の左上方には、熊伏山の山頂

6

と思しき膨らみが頭を覗かせている。頂はまだ遠い。

擬木で整えられた階段がしばらく続く。階段が終わる頃、斜度が急になり、ロープが張られた箇所が現れる。足元はザラザラとして滑りやすい。ゆっくり慎重に進もう。登り進めると、再び右手に大きなガレ場が現れる。ガレの縁に沿ってロープが張られているが、途中からガレを避けるように、斜面の左手に巻き道がつく。このガレ場を巻いてひと登りすれば、「青崩の頭」に辿り着く。かつてあった反射板は撤去され、今は基礎部分だけが残る。おかげでスペースが生まれ、気持ちの良い休憩適地となった。南の樹間からは常光寺山などの山並み、三角点のある場所からは北東方向の視界が開け、南アルプスの聖岳や深南部の池口岳などが眺められる。

「青崩の頭」から先は、冷やっとするような危険箇所もなくなり、静かな落ち着いた森の中を

6. 古道の佇まいが残る青崩峠。観音様が今も道ゆく人々を見守る　7.「青崩の頭」直下はガレ沿いの道や滑りやすい急登がある。慎重に
8. 色づき始めたコハウチワカエデ　9. シラビソの松ぼっくり。稜線上はブナからシラビソの森に

8

9

7

10

木々の間から優しい光が降り注ぐ

登っていく。急登と平坦地を2度ほど繰り返すが、平坦地には美しいブナ林が広がり、疲れが癒される。やがて尾根が細り、道が左右に分岐した地点が「前熊伏山」だ。風格あるブナの大木が目印のようにそびえている。「前熊伏山」の分岐を右手に下り、頂上稜線を北上する。ここから山頂までは数回アップダウンを繰り返す。高低差は大きくないが、頂上はまだかと気持ちが急くと、やけに長く感じたりするものだ。焦らずマイペースでいこう。頂上は、すぐそこだ。繰り返した起伏の先に、樹間が明るく開けたところが熊伏山の山頂だ。東側に視界が開け、南アルプス南部の山並みが気持ち良く眺められる。深い山域ならではの静けさが山との対話を深めてくれる。心ゆくまで味わったら、往路をそのまま下る。急斜面は登る時より下る時の方が難しい。特に「青崩の頭」から先のガレ場沿いは、足元に十分に気をつけて下ろう。

12

10. 青崩の頭を過ぎると、やがて雰囲気の良いブナ林に出会う
11. ひっそりと静かな山頂。南アルプス深南部の眺めがよい
12. 前熊伏山に立つ美しいブナの大木。ここから稜線を北上する

11

日帰り天然温泉

あらたまの湯

森に囲まれた
源泉かけ流しの湯

温泉DATA

浜松市浜北区四大地 9-921　☎ 053-582-1126
利用時間／ 9：00 ～ 21：00（受付～ 20：00）
定休日／第 1・第 3 月曜日　料金／大人 660 円、小学生・70 歳以上（要身分証明）330 円

浜北区と天竜区の境目にある「あらたまの湯」は、静かな森に囲まれた人気の温泉施設。内湯・外湯ともに源泉かけ流しの湯船があり、眺めも良く、これを目当てに通うリピーターも多い。

アルカリ性のナトリウム－炭酸水素塩泉はぬるりとした肌触りで、滑らかな織物に体が包み込まれているよう。白を基調とした「森林の湯」にはジェットバスが、黒を基調とした「石庭の湯」にはシルキー風呂やハーブ湯があり、週ごとに男女が入れ替わる。どちらの内風呂も天井は木目調のドーム型で、屋内ながら開放的は抜群。広々とした湯船で、時間を気にせずのんびりと浸かりたい。

新東名高速道路・浜松 SA のスマートインターから車で 5 分とアクセス良好。駐車スペースも広い。

course guide

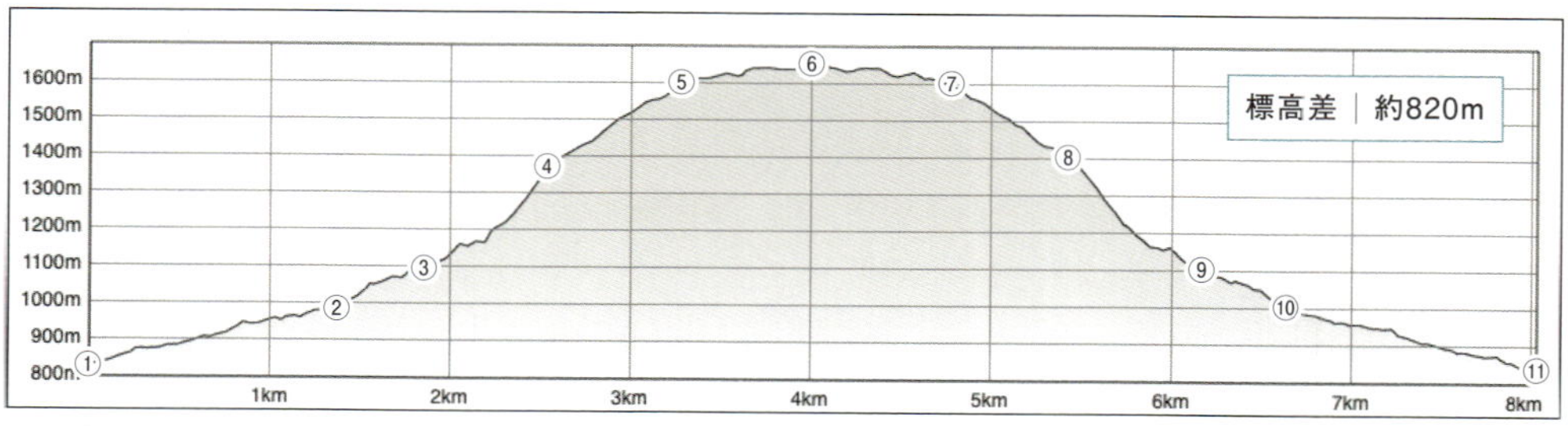

①足神神社 ▶ 25分 ②塩の道石碑 ▶ 20分 ③青崩峠 ▶ 70分 ④青崩の頭 ▶ 40分 ⑤前熊伏山 ▶ 25分 ⑥熊伏山 ▶ 25分 ⑦前熊伏山 ▶ 30分 ⑧青崩の頭 ▶ 45分 ⑨青崩峠 ▶ 20分 ⑩塩の道石碑 ▶ 20分 ⑪足神神社

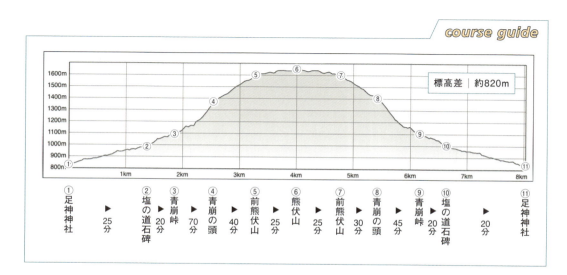

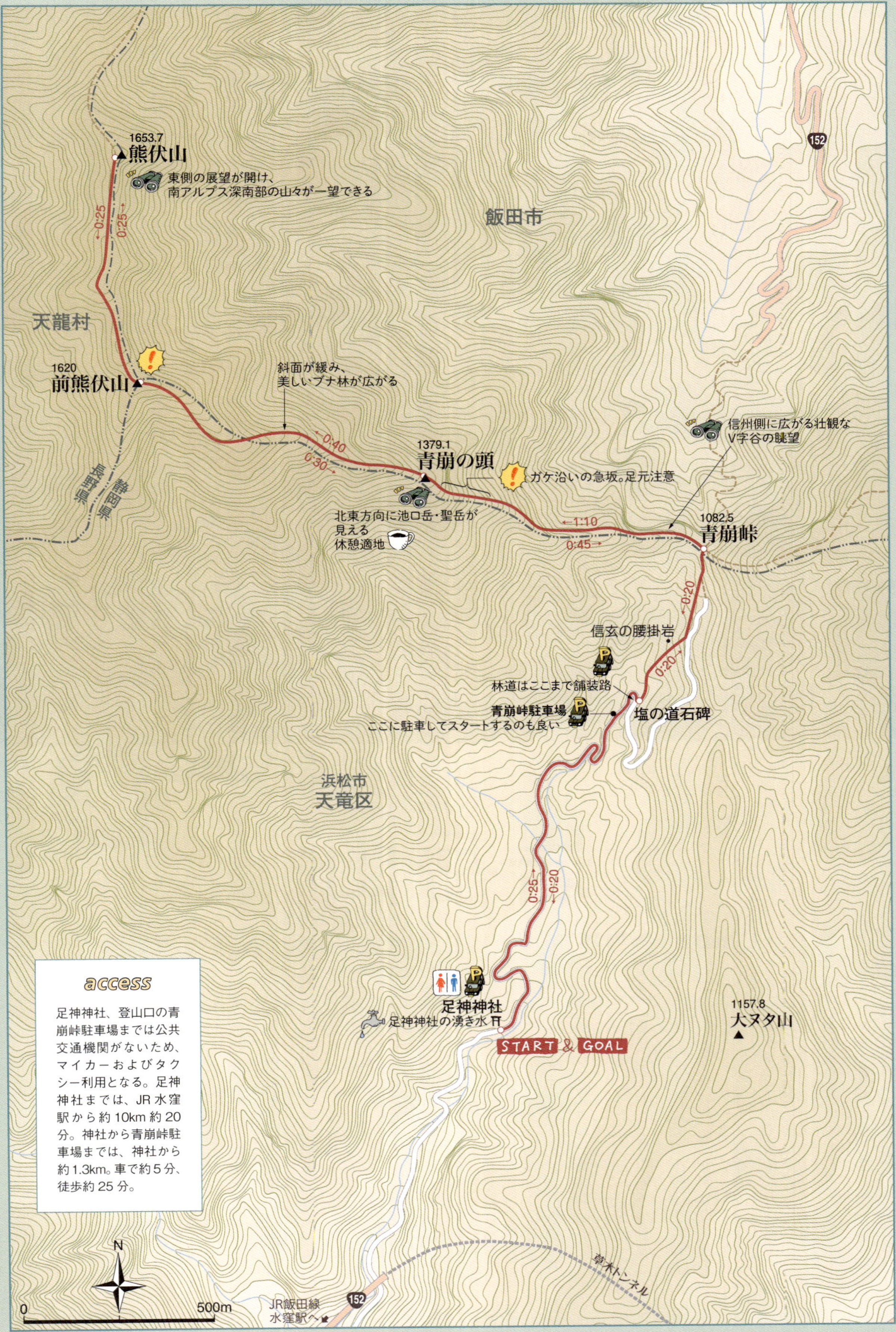

access

足神神社、登山口の青崩峠駐車場までは公共交通機関がないため、マイカーおよびタクシー利用となる。足神神社までは、JR水窪駅から約10km約20分。神社から青崩峠駐車場までは、神社から約1.3km。車で約5分、徒歩約25分。

季節を変えて歩きたい
花と伝説の山

ONTORE No.13

Iwatakeyama

岩岳山《いわたけやま》

歩行距離｜約13㎞

難易度｜ 体力｜ 技術度｜★★★

ハイライトは岩場の稜線歩き

岩岳山は、その山名のイメージとは裏腹に、早春に咲くアカヤシオの群生地、あるいは遠州七不思議の一つとされる京丸牡丹伝説などで知られる、花と伝説の山だ。岩岳山から竜馬ヶ岳にかけての稜線西南部の斜面には樹齢100年以上のアカヤシオ、シロヤシオが群生し、特にアカヤシオはその群生規模の大きさから他に例がなく、昭和49年には国の天然記念物に指定されている。

スタートは、旧ログペンション「シンフォニー」の向かいにある駐車場。ここから登山道までは約4㎞、1時間程の林道歩きだ。道ばたには季節ごとに草木の彩りがあり、小さな滝や木漏れ日を楽しみながらウォーミングアップができる。しばらく行くと小広くなった旧営林署の小俣事業所の跡地に着く。トイレや東屋があり、ここで一息つ

1. 登山口までは、駐車場から林道を 4km ほど歩く　2. 営林署跡地にある小俣山乃神でお詣り　3. 林道を下りて木橋を渡ると、厳しい登りが始まる。夏場はヤマビルの巣窟。要注意　4. イワシャジン　5.「最後の水場」。秋にはもうほとんど枯れていた

3

2

安全に登れますように

1

4

5

最後の水場
MH

林道歩きを満喫したその後は!?

く。右手の斜面に祀られた山の神にお詣りに寄る。林道には古びた車止めのゲートがかかり、これを越えて少し行くと、登山道に出る。林道から左手へ降りるように道が付き、沢を渡る。苔むして緑色になった木の橋を渡ったら右手の尾根に取り付いて登っていくが、のっけから急登だ。道幅も狭く、やや滑りやすいので気を付けたい。植林された単調な樹林帯を登って行くと、やがて斜面を右へ横切るトラバース道となり、これが荷小屋峠まで続く。峠までの間には、沢を何度か横切る箇所があるが、特に最初の沢の通過には注意が必要だ。沢の手前の斜面が崩れていて足元が悪い上、ススキや草薮が道を覆い、不意に草を踏むと滑りそうだ。草地で視界が開けているから、崖下が覗けるのも恐ろしい。三点確保をしてゆっくり慎重に通過しよう。再び樹林帯へ入ると、スギの落ち葉の中にイワシャジンが咲いていた。細い茎の先に、立派な花を重たそうに下げる姿が愛らしい。「最後の水場」の標識が掲げられた沢を過ぎ、やが

pick up

岩岳山の代名詞となっているアカヤシオは、木々が芽吹く前にいち早く花が咲くためよく目立つ。アカヤシオの花が終わると森の木々は芽吹き、新緑の頃になると、シロヤシオが見頃となる。春に岩岳山を彩るツツジ３種。左:アカヤシオ、右上:ミツバツツジ、右下：シロヤシオ、下：この看板を過ぎるとアカヤシオが目立つようになる。

カラマツ越しに見える景色がいい！

6

こっちこっち

8

7

6. 荷小屋峠を登って行くと、次第に周囲の景色が広がる　7. 山頂の前に、岩岳神社でお詣りを　8. お社の後ろには、旧の利保坊様？と御料局三角点が　9. 神社から山頂への稜線は小さなコブをいくつか越えていく　10. 稜線は所々痩せた箇所があり、足元要注意　11. 早春に咲くアカヤシオの群落は見事

て右手の樹間から岩岳山の山頂近辺が見えてくるようになると、荷小屋峠に着く。峠から北側を望むと、黄葉したカラマツの間に京丸山から高塚山へと続く尾根が見えた。峠の先は、まだもう少し登りが続くが、それまでの薄暗い植林帯から明るい落葉広葉樹の森へ、神経を使うトラバース道も広い尾根道へと変わり、歩きやすく気持ちが良い。「岩岳山の植物群落保護林」の看板が見える辺りから、斜度がグッときつくなる。春ならこの辺りからアカヤシオが咲く姿が見え始めてくる。背後には竜頭山などの山並みも見え始め、斜度はキツいが爽快だ。稜線に出ると道は左右に分岐する。左手の竜馬ヶ岳方面に進み、岩岳神社に立ち寄ってお詣りする。神社からは折り返して戻り、山頂へ。山頂までの岩場の稜線歩きは、コース中一番のハイライト。荒々しい岩の痩せ尾根は標高1300mとは思えない高度感があり、周囲の展望もよく

早春はピンクのアカヤシオを見に

9

10

11

11

13

11. 岩岳山から入手山へ尾根を南下。大きなガレの縁をいく　12. 樹間に輝くのは、どうやら浜名湖のようだ　13. 下山路は一部踏み跡が薄い箇所があり、道標もほとんどない。こまめに現在地確認を

12

爽快だ。西には京丸山が大きくそびえ、南へ向かって浜名湖、浜松市街まで遠く見渡せた。天気がよければ東には富士山の姿も見られる。辿り着いた山頂は樹林に覆われ、爽快だったハイライトはここで終わり。山頂のベンチで昼食後、尾根を南進して入手山、キマタ山を経由して下山する。キマタ山までは植林帯も混じるが林相がよく、テントを張ってのんびり過ごしたいような風景だ。視界も随所に開け、岩岳山がドンと聳える姿も素敵だ。ただし、踏み跡が薄くなる箇所もあるので、地図で現在地をこまめに確認したい。キマタ山を過ぎると急な下り坂で、固定ロープの張られた悪場もあり気を抜けない。終盤は木の幹に白ペンキでマーキングされた道を進むと、やがて林道に出る。この林道には降りず、そのまま尾根を進んで高圧線の鉄塔下を通り、水道施設のフェンス脇から林道へ降りる。駐車場へは、ここから10分足らずだ。

よく歩いたあとは… 温泉へ　　　　　　　　　　　　　　　　［岩岳山］

すみれの湯

地元の人たちに愛される居心地のよいお風呂

　すみれの湯は春野図書館や歴史民俗資料館などに隣接する春野福祉センターの地下1階にあり、外には気田川が流れている。天然温泉ではないが、岩岳山からの帰路にちょうどよくあるため、登山者や川遊びを楽しむ人たちにも人気。広い浴槽の外には緑があふれ、気持ちよく汗を流せそう。近くにはキャンプ場もあり、家族でキャンプを楽しむ人たちも多い。タオルは置いていないので忘れずに。石けん・シャンプーは持参して。

温泉DATA
浜松市天竜区春野町宮川1330　☎053-989-1129　利用時間／11：00～16：30（受付）5・8月の一部は時間延長　定休日／月曜・第3日曜日　料金／中学生以上 200円、小学生以下100円

あらたまの湯

屋外には無料の足湯も

　春野町からは少し離れるが、天然温泉に入りたい人には、あらたまの湯（P76参照）がおすすめ。源泉かけ流しの美肌の湯は疲れた身体に効きそう。屋外にある無料の足湯は土日祝日の10：00～17：00（冬期は～16：00）で利用可能。

温泉DATA
浜松市浜北区四大地9-921　☎053-582-1126　利用時間／9：00～21：00（受付～20：00）　定休日／第1・第3月曜日　料金／大人660円、小学生・70歳以上（要身分証明）330円

course guide

標高差｜約705m

①岩岳山登山者駐車場 ▶ 65分 ▶ ②小俣事業所跡地 ▶ 90分 ▶ ③荷小屋峠 ▶ 60分 ▶ ④岩岳神社 ▶ 40分 ▶ ⑤岩岳山 ▶ 60分 ▶ ⑥入手山 ▶ 20分 ▶ ⑦キマタ山 ▶ 60分 ▶ ⑧林道分岐 ▶ 25分 ▶ ⑨岩岳山登山者駐車場

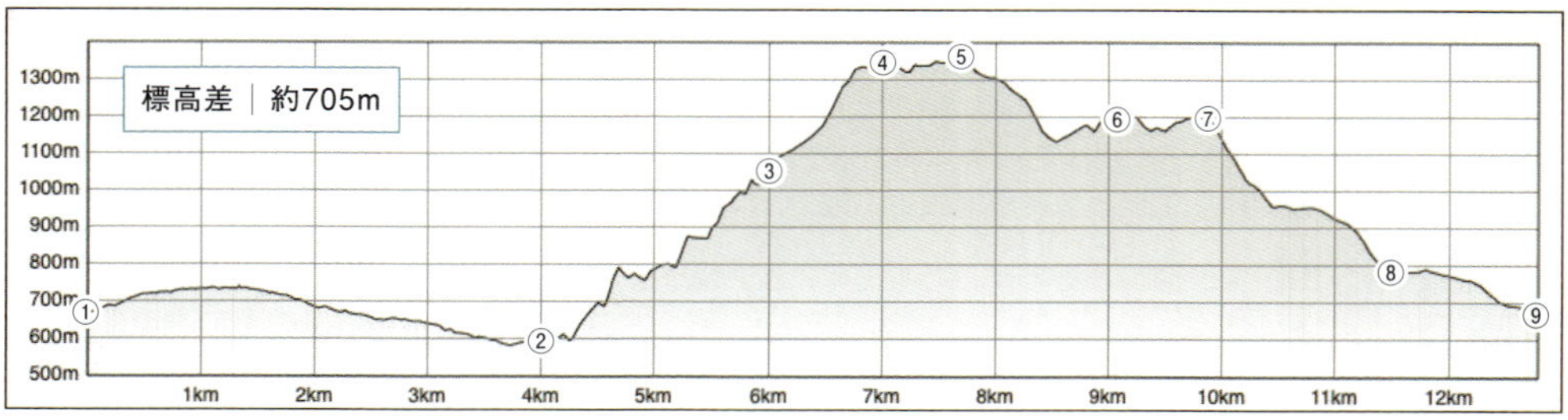

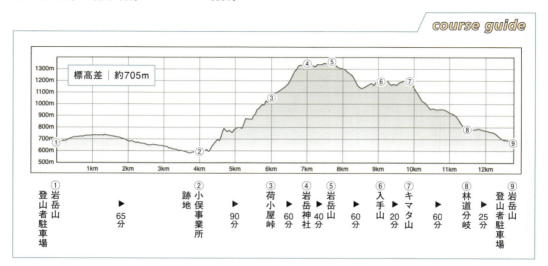

access

岩岳山の登山口までは公共交通機関がないため、マイカーおよびタクシー利用となる。旧ログペンションシンフォニー（2013年より休業中）の向かいに登山者用の駐車場がある。新東名浜松浜北I.C.から国道362号経由で約43km、約70分。

山の裂け目が
異界へと誘う

ONTORE No. 14

Ogasayama

小笠山《おがさやま》

歩行距離｜約10km

難易度｜　体力｜　技術度｜★

自然豊かな低山
歩き応えも十分

掛川市と袋井市にまたがる小笠山は、標高264mの可愛らしい小さな山だ。周りには寺院や神社が多くあり、古くから里山として地域の人々に親しまれている。だからと言って、歩き甲斐がないわけではない。低山ゆえに植生は豊かで、小さいながらも複雑な地形が広がっている。

掛川駅から南に約3km、小笠山の北にある富士見台霊園に車を停めた。小笠山の北側は切り立った崖が多く、南側は緩やかな斜面が広がる。上空写真を見ると、扇を逆さにしたような形になっているのが分かる。

今回はその、扇の要に当たるところから登る。霊園から東に伸びる坂道を下ると、「小笠山ハイキングコース」の案内看板を見つけた。標識に従って歩き、県道403号のガード下をくぐる。分岐を西に進むと、「与左衛門池」と呼ばれる溜め池が見えてきた。小笠山の周りには、こうした溜め池がいくつもある。大きな河川のない掛川地域では、田に引く水を確保する必要があったためだ。道の先には、溜め池を土砂から守る隧道、通称「ドンドン隧道」がある。人がぎりぎり通れるくらいの高さの穴で、山から流れてきた水を逃がす役割を果たしている。

ほどなく「マスラノ池」を通り過ぎると、東西に分岐する道に出る。西側の道をしばらく進むと舗装路が終わり、細い脇道との分岐になる。この脇道が山の尾根へとつながるのだが、標識が小さく、分岐そのものが分かりにくいので気を付けたい。尾根筋にはモチツツジやヒカゲツツジの木があちこちに生えている。ツツジは小笠山の名物で、春になると薄紫や淡い黄色の花

神社に隧道《ずいどう》、里山の暮らしがそこかしこに息づいている

1

2

3

4

5

1. 富士見台霊園の東側に伸びる登山口からスタート　2. 明治19年に掘られたドンドン隧道。ドンドンとは「よどみなく流れる」という意味だそうだ　3. 展望台から掛川の市街地を望む。下界を見下ろす仙人の気分だ　4. 小笠山には急斜面に沿って歩く道が随所にある　5. 山頂の先を進むと、多聞天神社の入り口が見えた。そばには巨大なアカガシが立つ

神社にお参りしていこう
8

9

7

point
戦国時代の山城を発見！
土塁や堀の跡が今も残っている
小笠山砦
6

6. 小笠山砦の跡地。徳川家康が今川氏や武田氏と戦った時に築かれた　7. 小笠神社の境内に到着。ベンチで休みながら眺望を楽しめる　8. 多聞天神社の道端には、無数の破魔矢が突き刺さっていた　9. 六枚屏風付近は狭い道もある。ロープを使って慎重に降りよう　10. 小笠山の東側には、里山ののどかな風景が広がる

切り立つ崖に数百万年の時が刻まれていた

を付ける。

　尾根道の先は突き当たりで、道が二手に分かれている。西に行くと展望台、東に行くと頂上へ向かう。今回は、展望台に行き、折り返して頂上を目指すルートを採った。

　小笠山は数万〜100万年前、大井川の扇状地が隆起してできた山だ。かつて河原だったことを証明するように、道のそこここに丸い小石が散らばっている。さらに、その下には100万〜400万年前にできた泥の層がある。この泥層が風雨によって削り取られ、至るところに深い谷を作り上げている。

　展望台もこれら断崖の先端にあり、掛川の中心市街地を一望できる。街のシンボルである掛川城は豆粒ほどの大きさ。高架の上を走る新幹線の様子はジオラマを見ているようだ。町並みの奥には、八高山や粟ヶ岳などの山々が見える。

　Uターンして分岐点まで戻り、頂上に向かう東の道を進む。緩やかな坂道でのんびりと歩けるが、崖の縁を歩くポイントが随所にあって退屈しない。

　展望台から40分ほどで、小笠山のピークに到着。とはいえ、辺りはウバメガシが密生していて景色が見えない。「頂上」と書かれた標識がなければ、そのまま通り過ぎてしまいそうだ。

　少々味気ないので、南東方向にある小笠神社を目指す。曲がりくねったやせ尾根を越えると、天狗を祀った「多聞天神社」、次いで戦国時代の「小笠山砦跡」が姿を現わす。その先にある小笠神社は、山の南側が開けていて見晴らしが良い。遠州灘の向こうに伊豆半島まで見渡せる。

10

11

帰りは山の東側を抜けるルートを選んだ。元来た道を一旦戻り、頂上を通り過ぎると、「相沢・子隣」の標識が立つ脇道がある。ここから先は、終始緩やかな下り坂が続く。

途中、「六枚屏風」へと続く分岐がある。「六枚屏風」は天然の切り通しとも言うべき奇景で、真っ二つに割れた山の間を歩くことができる。雨水が山を浸食してできた割れ目は、高さ数十メートル。横幅は大人一人が通れる程度とせまく、そそり立つ両側の土壁に圧倒される。奥行きも50mほどあり、まるで異界への入り口のようだ。

しばし冒険気分を楽しんだら、元来た分岐点まで戻る。「掛川駅・板沢」方面の道を進むと、平地の茶畑が見えてきた。後は農道を通り、県道403号を目標に歩けば登山前の道に出る。のどかな田畑の光景を楽しめるのも、里山歩きの魅力の一つだ。

11.「六枚屏風」の中を歩く。土壁が屏風のように折れ曲がっていることからその名が付いたそうだ　12. 赤が鮮やかなクチナシの実　13. 帰りは茶畑の農道を行く。お茶処・掛川ならではの光景だ　14. 西日に照らされた茶畑。春先は新芽が美しく輝くという

12

13

14

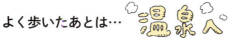

大東温泉
シートピア

「熱の湯」で温まり、うたたね処で一眠り

温泉DATA

掛川市国安2808-2　☎ 0537-72-1126
利用時間／10：00～21：00　定休日／火曜（祝日の場合は営業）・1/1　料金／大人510円、小学生まで250円

国道150号沿いにある大東温泉シートピアは、南欧をイメージした佇まいの温泉リゾート施設。スペイン瓦と白壁に囲まれ、潮風を感じながら露天風呂を満喫できる。茶褐色の天然温泉は、「熱の湯」とも呼ばれる炭酸水素塩泉。温泉の塩分が汗の蒸発を抑えるため、温かさが長持ちする。洋風風呂にはサウナやハーブ湯、和風風呂には寝湯や低周波風呂があり、週ごとに男湯・女湯が入れ替わる。

入館料だけでグランドゴルフ、温水プール、フィットネスも利用できるという充実ぶり。湯を楽しんだ後は、くつろぎスペースの「うたたね処」へ。室内にはマットレスが並んでいて、ゆったりと一眠りできる。

course guide

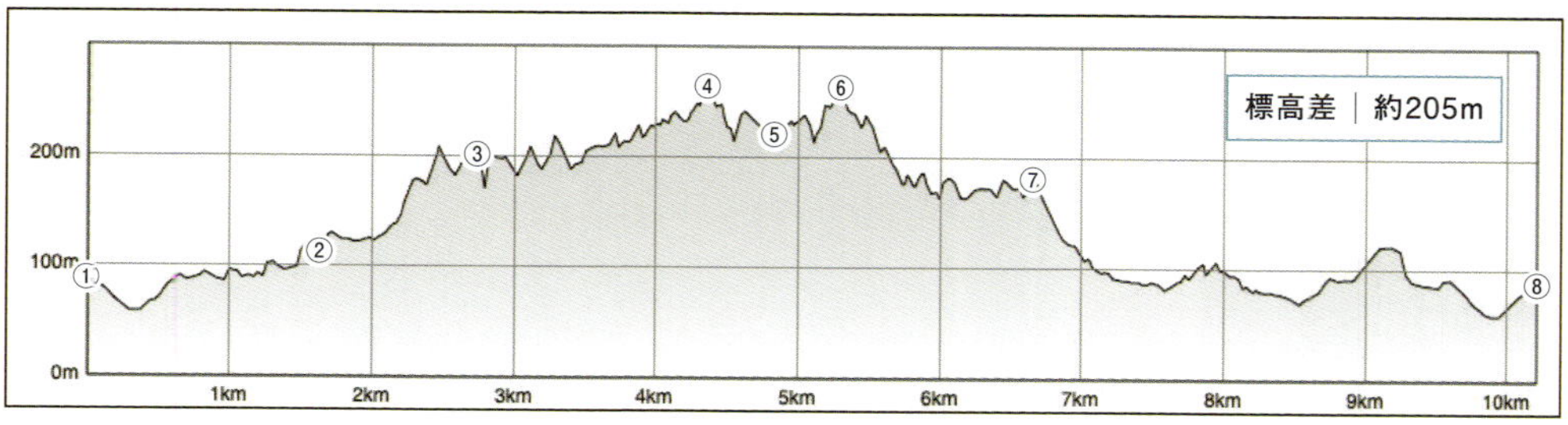

①富士見台霊園 ▶ 45分 ▶ ②マスラノ池 ▶ 30分 ▶ ③展望台 ▶ 40分 ▶ ④小笠山 20分▶ ⑤小笠神社 20分▶ ⑥小笠山 ▶ 30分 ▶ ⑦子隣方面分岐 ▶ 65分 ▶ ⑧富士見台霊園

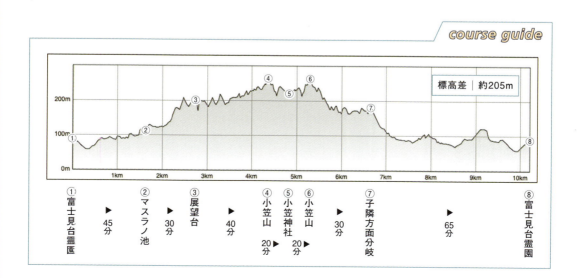

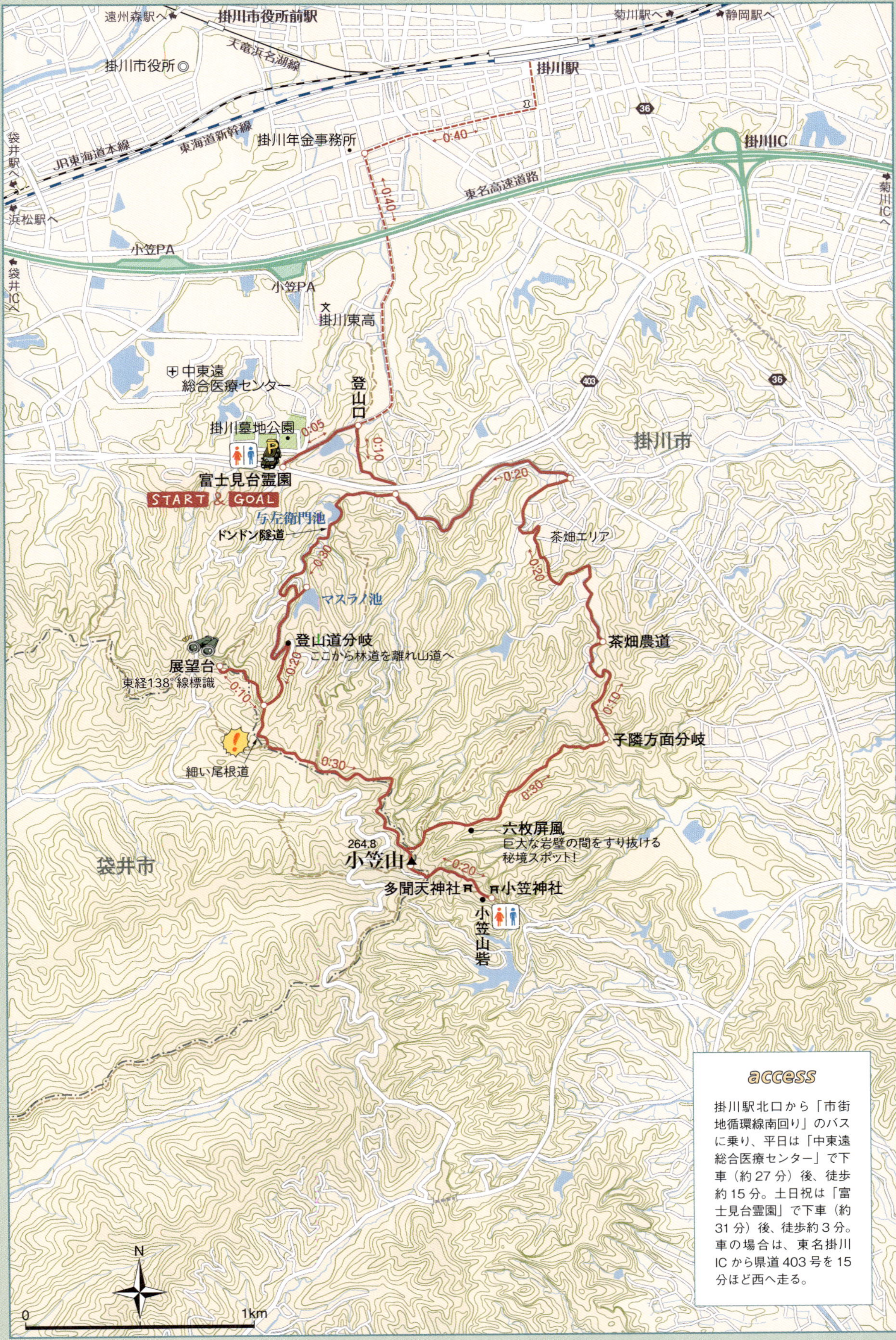

access

掛川駅北口から「市街地循環線南回り」のバスに乗り、平日は「中東遠総合医療センター」で下車（約27分）後、徒歩約15分。土日祝は「富士見台霊園」で下車（約31分）後、徒歩約3分。車の場合は、東名掛川ICから県道403号を15分ほど西へ走る。

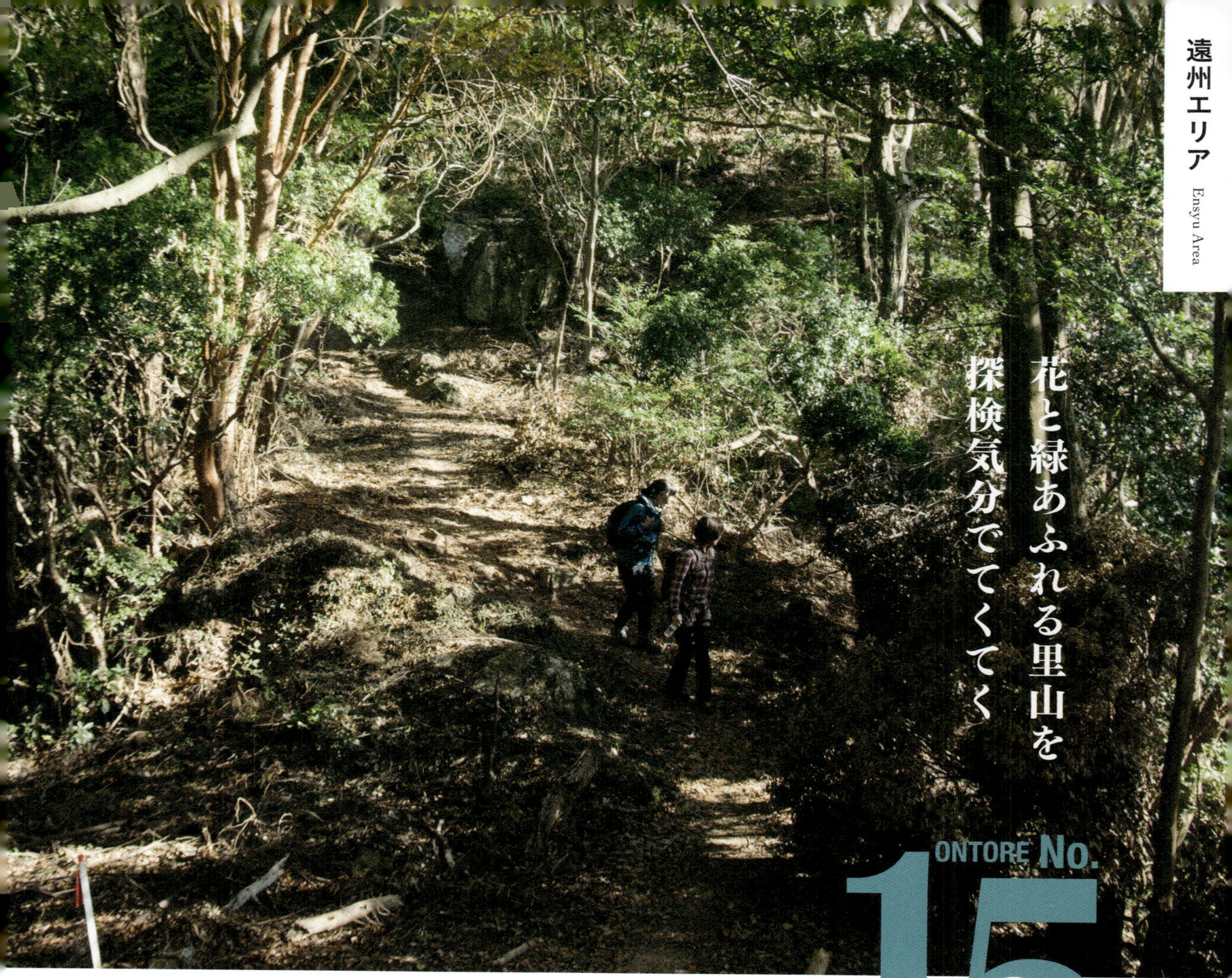

花と緑あふれる里山を探検気分でてくてく

ONTORE No. 15
Jogamine

尉ケ峰《じょうがみね》

歩行距離｜約11km

難易度｜　体力｜　技術度｜

大きなシダと松かさ ジュラ紀の森を彷彿

奥浜名湖の西岸にある標高433mの尉ケ峰は、低山ながら山頂からの展望がすばらしいという。登頂ルートはいくつかあるが、今回はスタート地点を天竜浜名湖鉄道西気賀駅にした。駅舎を抜けて線路を渡り、しばらく住宅地を歩く。旧姫街道の石碑を過ぎると両脇がミカン畑になる。南斜面で陽当たりが良いためミカンは大きくて色づきがいい。足を止め振り返ると、浜名湖を見下ろす絶景が広がっている。

一旦、広域農道に出て、標識のあるところから登山道へ。「今日は探検気分で楽しめますよ」とガイドさん。フェンス沿いに少し登ったあとはほぼ平坦な道が続く。照葉樹の森の林床には大きな葉をつけたシダが生い茂り、ちょっとジュラシックな雰囲気。このシダは「ウラジロ」といい、しめ縄とか鏡餅のミカ

2

1

3

眺望が良い里山歩き ツツジのシーズンは 花めぐりを楽しんで

ンの下に垂れ下げられるなど、正月飾りに使われる種類だという。

　木漏れ日を浴びながら植林の森を歩いたり、森が途切れた場所で浜名湖を望む景色を眺めたり、山登りというよりも山歩きだ。途中、手のひらサイズの大きな松かさがたくさん落ちていた。これはアメリカ原産の〝松大玉〟という種類の松かさでクリスマスの飾り付けに使ったりする。珍しいのでいくつか持ち帰ることにした。この山にはモチツツジやミヤマツツジなど、ツツジの木も多いので春先に訪れるのも楽しみだ。歩き始めて1時間半ほどで浜名湖佐久米駅からのコースと合流する。

　東屋が見えたと思ったら、そこは奥浜名湖スカイラインの駐車場。ここから山頂までわずか600mと書かれた標識を見て笑顔になったが、このあと今回のルートの最大の難関、「獅子落とし」が待ち構えていると

5

4

1. 味わいのある天竜浜名湖鉄道西気賀駅。本屋と待合い室が登録有形文化財に登録されている。また駅舎には洋食屋さんが併設されている　2. 陽当たりの良いミカン畑の間の道をのんびり歩く　3. 途中、視界が開ける場所がいくつかあって、奥浜名湖の清々しい眺望を満喫することができる　4. 台風の影響だろうか。マツの太い枝が落ちていた
5. 県内ではなかなかお目にかかれない大きな松ぼっくりはクリスマスの飾りつけに使えそう

岩場を越えれば頂上はすぐそこ

いう。鉄製の階段を上がると、今までにない急勾配。が、それも長くは続かず。すると獅子落としの看板があり、見上げると道というよりはほとんど岩肌。江戸時代、気賀の藩主が猟に来たとき、驚いたイノシシが転げ落ちたという伝説から付いた名前だという。イノシシでなくても転げ落ちそうな岩を、補助のロープを使ってよじ登る。この難所をクリアすれば頂上はすぐそこだ。

山頂ではイノシシ親子の置物が出迎えてくれた。150度くらいの視界の中に浜名湖はもちろん、左手奥にはアクトタワーがそびえ立ち、右手には舘山寺やパルパルの観覧車、そしてはるか向こうに遠州灘の海岸線が見える。ガイドさんによれば、以前来たときは木が生い茂り、これほど眺めは良くなかったそう。昼食を取ると、ここから20分くらいのところにパラグライダーの離陸場があるという

8

9

8. 鉄の階段を上ると急な岩場となる。獅子落としはその先に待ち構える　9. ロープにつかまりながら登る岩の壁

10

11

10. 標高 433 m といえど遠州灘まで見渡せる抜群の見晴らしに気分爽快　11・12. 奥浜名湖に向かって飛び立てるパラグライダーが人気。樹木もないので山頂からよりも視界が開け、「ここはどこ？」の世界

12

富幕山まで意外と近い

ので行ってみることに。離陸場は、木を伐った山肌にネットが張ってあるせいか山頂よりも視界が広い。浜名湖ガーデンパークや猪鼻湖までよく見える。ちょうど離陸直前の男性がいた。「風に乗れば数時間でも飛んでいられますよ」、そう言って男性はいとも簡単に翼を広げ、ふわりと飛んでいった。

来た道を戻り、再び山頂へ。帰りは奥浜名湖自然歩道・細江コースという細江公園へ下りる5kmのコース。登りのルートより長くて岩が多いという印象だ。途中、何体もの石仏がいきなり出現。近くには小型のボートや鉄製の螺旋階段まで転がっている。ここは「北大路コレクション」という個人が経営する博物館で、ハイキングコースは一部、民有地内を通っているというわけだ。事前にガイドさんから聞いていたので驚きも少なかったが、それでも日が暮れかかった山奥で石像群を見るのはいささか不気味だ。

細江コースはアップダウンがそれほどないが、長く歩いた感あり。山頂から1時間20分、二三月峠の展望台や伝説のお地蔵様〝おもかる大師〟はやむなくスルーして、細江公園の階段を膝をガクガクさせながら下り、気賀駅に到着したときは日がとっぷりと暮れていた。

下りの道は大きな岩がゴロゴロ

14

15

16

14. 森が続くので、どのくらい下ったのか全然つかめない　15. 下りは奥浜名湖自然歩道を行く。南に開けた場所があり、南アルプスが遠くにうっすら見えた　16. 農道が現れ、視界良好な場所になった

よく歩いたあとは…温泉へ　　　　　　　　　　　　　　　　　　　　　　　　　　　　　[尉ヶ峰]

かんぽの宿 浜名湖三ケ日
高濃度の塩泉で体がポカポカ温かい

　浜名湖沿いにある「かんぽの宿 浜名湖三ケ日」は、宿泊施設ながら日帰り温泉の利用も受け付けている。露天・内風呂ともに茶褐色のにごり湯で、泉質は中性のナトリウム・カルシウム塩化物泉。「高張性」と呼ばれる、塩分濃度が高い塩泉だ。湯に含まれる塩分は殺菌作用があるほか、汗の蒸発を防いでくれる。おかげで、入浴後も体がポカポカと温い。閑静な別荘地にあり、宿泊の場合は湖を眺めながらの露天風呂が楽しめる。

温泉DATA
浜松市北区三ヶ日町都筑 2977-2　☎053-526-1201　利用時間／10：30～21：00 最終受付 20：00、（受付～20：00、木曜は 12：30～、繁忙期は受付時間変更あり）　料金／大人 600円、小学生 400円

国民宿舎 奥浜名湖
眺めの良いお風呂

　最上階にある大展望風呂のガラス窓の向こうには、奥浜名湖の雄大な景色が広がり開放感たっぷり。夕暮れ時は時の経つのを忘れてしまいそう。脱衣場には、ドライヤー、洗顔料など充実のアメニティー。

温泉DATA
浜松市北区細江町気賀 1023-1　☎053-522-1115　日帰り入浴／11：00～20：00（火曜は 15：00～）　定休日／なし（メンテナンス休館あり）　料金／大人 510円、子供 200円

course guide

標高差｜約 430m

① 西気賀駅 ▶ 90分 ② 佐久米駅分岐 ▶ 45分 ③ 尉ヶ峰 ▶ 20分 ④ グライダー離陸所 ▶ 20分 ⑤ 尉ヶ峰 ▶ 40分 ⑥ 北大路コレクション ▶ 40分 ⑦ 夕陽台 ▶ 20分 ⑧ 二三月峠 ▶ 20分 ⑨ 国民宿舎奥浜名湖 ▶ 20分 ⑩ 気賀駅

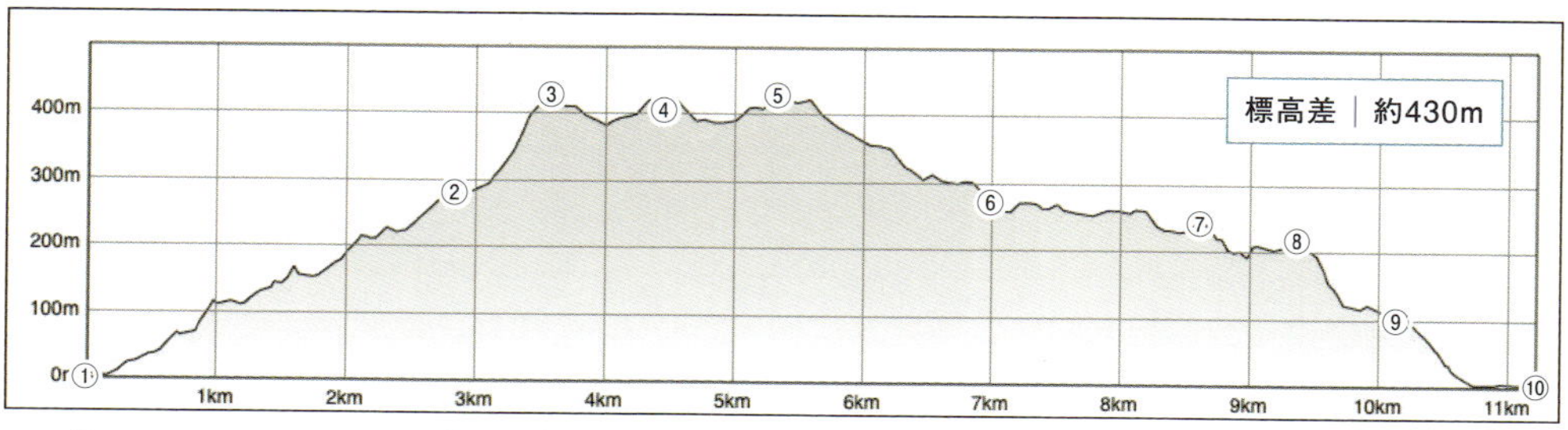

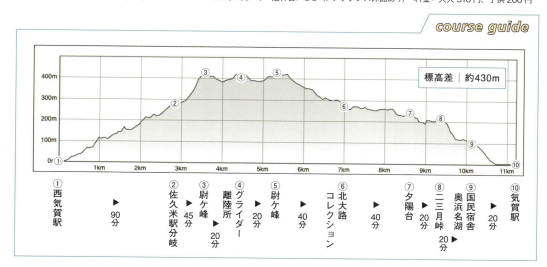

access

東名浜松西ICから天竜浜名湖線気賀駅まで車で約30分。気賀駅前に車を止め、天浜線で西気賀駅へ。帰路は細江公園に下山し、細江神社経由で気賀駅へ。

遠州エリア
Ensyu Area

水と巨石に守られた
神々が住む山へ

山頂へ向かう道中の光景。奥三河の山々と鳳来湖を望む

ONTORE No.
16
Myojinsan

みょうじんさん
明神山

歩行距離 | 約9km

難易度 | 👦👦👦　体力 | 👟👟👟👟　技術度 | ⭐⭐

奥三河の聖地
乳岩峡を行く

　鳳来湖を望む明神山は、愛知県東栄町と新城市の境に位置する。その名が示す通り、古くから信仰の対象とされてきた山だ。実際に登ってみると、水と巨石に守られた紛うことなき霊山だった。

　明神山には多くの登山口がある。今回は乳岩峡（ちいわきょう）から北上して頂上を目指すコースを歩いた。三遠南信自動車道・鳳来峡インターから乳岩峡登山口までは、車で約20分とアクセス良好。入り口の駐車場に車を停めると、脇を流れる乳岩川のせせらぎが出迎えてくれる。

　この川に沿って伸びる平坦な岩場を、乳岩方面に向かって歩く。流紋岩質の凝灰岩が作る天然の石畳がウロコのようで、龍の背中を歩いているようだ。脇を流れる川の淵が、エメラルド・グリーンに輝いている。

2

1

3

1. 道沿いを流れる清流。美しい緑を湛えている　2. 苔生した橋を渡る。見上げると乳岩が見えた　3. 色づいたシロモジの落葉が山道を彩る

石段を登り、苔に覆われた橋を渡る。見上げると、ドーム形の巨岩・乳岩が山の上に突き出ている。山道の両脇にはシダ植物が群生していて、密林の雰囲気が漂う。途中、乳岩へ向かう道との分岐に差し掛かるが、ここは「明神山・鬼岩」の標識に従って北上。つづら折りの長い山道は、巨大な岩石や炭焼き窯の跡など、見どころが豊富で退屈しない。

登り坂がひと段落すると、再び沢沿いの緩やかな道になる。岩場を滑り落ちていく水は透き通っていて、すくってみるとひんやり冷たい。辺りの木々はところどころ色づいていて、時折、上流から黄色い葉が流れてくる。

ほどなく行くと沢の音は途絶え、序盤のハイライト「鬼岩」が姿を現わした。数十メートルはあろう巨大な岩石が、周囲の杉林を見下ろすようにそびえ立っている。あまりに大きくて、見上げても視界に収まり切らない。ゴツゴツとした岩肌は、特撮映画に出てくる怪物のような迫力がある。

その先には、ハイカラ岩と呼ばれる巨石がある。大きさは鬼岩には及ばないものの、キノコのような形をしている。多くの奇岩がある明神山は、ロック・クライミングの名所としても知

迫りくる岩峰に思わず息をのむ

4. 巨人のごとくそびえ立つ「鬼岩」。周りの木よりもはるかに高い　5.「ハイカラ石」はキノコのような形をしている

5

4

9

8

10

11

12

遥か彼方に静岡の山々が連なる

8. 鎖を使って岩場をよじ登る。アスレチックみたいで楽しい　9. 360 度が見渡せる「馬の背」。両側は断崖でスリル満点　10. 山頂には金属製の展望台が。トイレもあって至れり尽くせり　11. 山の神様を祭る石碑。きちんと榊も供えられている　12. 頂上からは南アルプスの山々を横一列に眺められる。静岡では見ることができない光景だ

られている。この日も険しい岩壁にしがみつく、多くの若者の姿があった。

「鬼岩乗越」の分岐点で、案内板に従い、西側のルートを選択する。木の根でできた階段や、巨石が作るトンネルなど、天然のアスレチックを越えると、「これより胸突八丁」の看板が待ち構えていた。岩や根を足場にして、急斜面を登る。今回のコースで最もきつい坂道だ。

坂の上は、ちょうど山の六合目に当たる。上がった息を整えていると、西側に鳳来湖が見えた。その先は分岐になっていて、東は三ツ瀬登山口、西は明神山山頂に向かう。この近辺はホソバシャクナゲの群生地で、春になると淡紅色の花があちこちで見られるそうだ。岩場を越え、しばらく稜線を歩くと、鎖場とハシゴ場が待ち構えていた。登り切ると、今度は「馬の背岩」と呼ばれる急峻なやせ尾根に出る。東側の崖一帯が屏風岩で覆われ、馬のたてがみのように見

pick up

聖地として地元の人々から信仰されてきた明神山。そんな背景もあってか、現在も熱心に通い詰める登山者が多い。写真の展望案内板も「通算3000回以上は登っている」という“山の主”が自ら作り上げたものだという。道中の標識も手づくりで、何かと人情味あふれる山なのだ。

14

13

13. 乳岩の周りをぐるりと一周。中に入ることもできる　14. 鍾乳石の形が乳房に見えるから「乳岩」という名が付いた　15. 乳岩の洞窟には子安観音が祀られていて、神聖な雰囲気に満ちている

point

乳岩洞窟は巨大なドームになっていて「胎内くぐり」が体験できる

15

えることからその名が付いたという。狭い尾根を綱渡りのように渡りつつ、左右に広がる山々を望む。眺望とスリルを味わったら、山頂はすぐそこだ。

　スタートから約3時間半。山頂には鉄製の展望台があり、登山客が眺望を楽しんでいた。視界の先にあるのは、聖岳や池口岳、光岳など、南アルプス南部の山々。静岡県民にとってなじみ深い山も、愛知県側から見るとだいぶ違った印象を受ける。天気の良い日は山の合間から富士山も見える。「冬から初春にかけては、あの山たちに雪が積もって見ごたえも増すよ」と、常連の登山者が教えてくれた。

　帰りは西側のトラバース路を下り、「鬼岩乗越」で元来た道に合流。時間と体力に余裕があるなら、ぜひ乳岩に立ち寄りたい。巨大な岩石の中は空洞になっていて、中には多くの石仏が祀られている。自然が生み出した大聖堂の迫力に、圧倒されるはずだ。

名号温泉

うめの湯

みょうごうおんせん　うめのゆ

山の緑とせせらぎに 心も体もほぐれる

温泉DATA

愛知県新城市名号字袋林 28-2
☎ 0536-33-5126　利用時間／10：00 ～ 20：00（受付～ 19：00）　定休日／木曜、年末年始
料金／大人 700 円、小学生 400 円

明神山からほど近い「うめの湯」は、山あいの素朴な雰囲気がただよう天然温泉。三遠南信自動車道の鳳来峡インターから車で 1 分とアクセスが良く、浜松方面から訪れる人も多い。泉質は刺激の少ないアルカリ性の単純温泉。加水なしの湯は肌触りがよく、体の芯まで温めてくれる。

露天の岩風呂は眼前に緑豊かな山の景色が広がり、真下を流れる宇連川のせせらぎが心地よい。川沿いには JR 飯田線が伸び、時折聞こえる列車の音に温泉情緒をかき立てられる。山歩きで酷使した背中や腰のコリは、打たせ湯でじっくりとほぐそう。新城名物・梅を使った加工品など、ご当地ならではの土産物も充実。

course guide

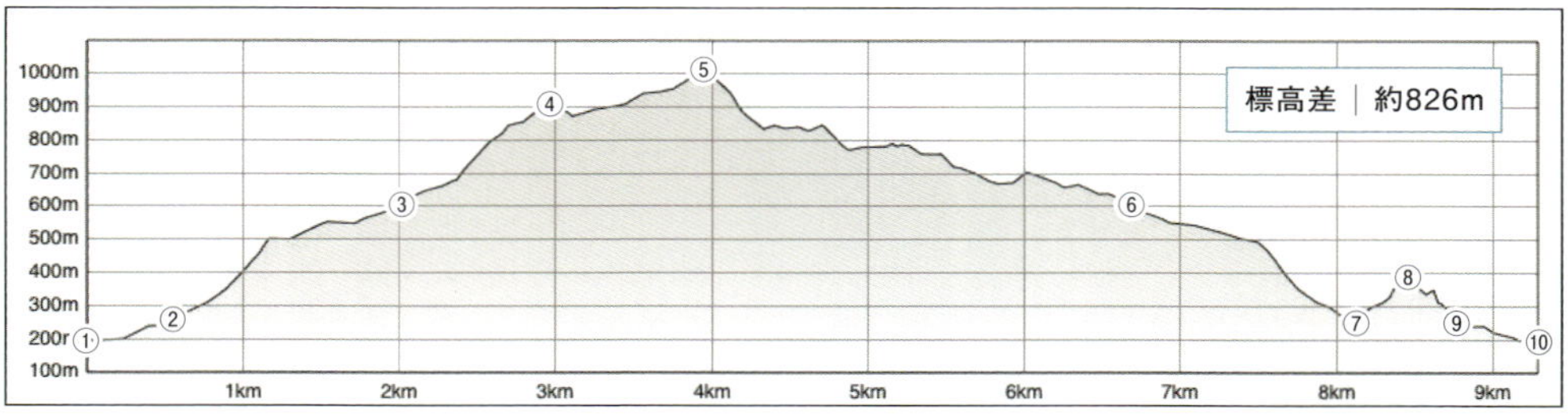

① 乳岩峡登山口 ▶20分 ② 乳岩分岐 ▶60分 ③ 鬼岩乗越 ▶60分 ④ 六合目 ▶45分 ⑤ 明神山 ▶90分 ⑥ 鬼岩乗越 ▶45分 ⑦ 乳岩分岐 ⑧ 乳岩 ▶30分 ⑨ 乳岩分岐 ▶10分 ⑩ 乳岩峡登山口

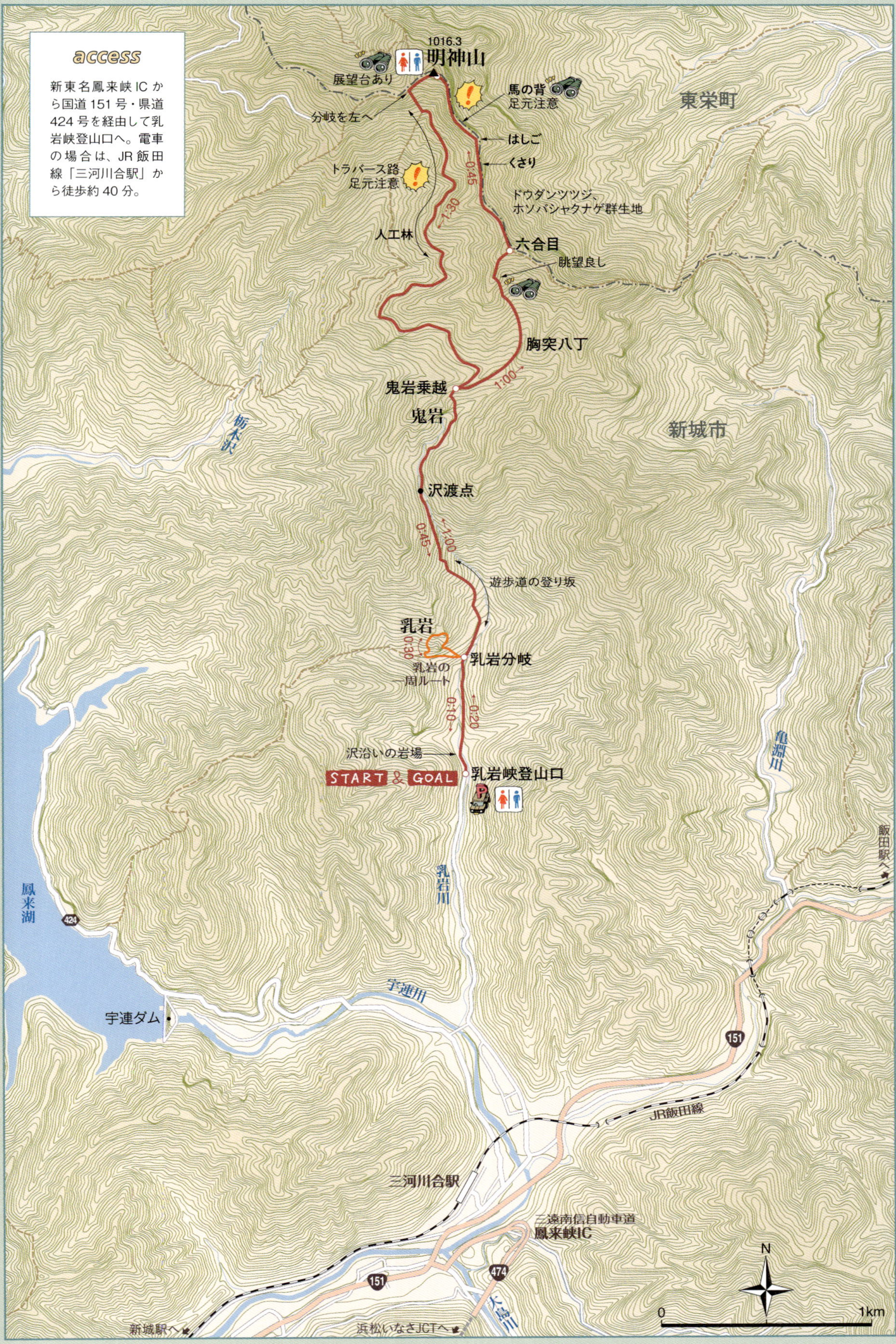

access
新東名鳳来峡ICから国道151号・県道424号を経由して乳岩峡登山口へ。電車の場合は、JR飯田線「三河川合駅」から徒歩約40分。
1016.3
明神山
展望台あり
馬の背
足元注意
分岐を左へ
はしご
くさり
0:45
トラバース路
足元注意
1:30
ドウダンツツジ、
ホソバシャクナゲ群生地
人工林
六合目
眺望良し
胸突八丁
鬼岩乗越
1:00
鬼岩
東栄町
新城市
柿本沢
沢渡点
0:45
1:00
遊歩道の登り坂
乳岩
0:30
乳岩分岐
乳岩の
一周ルート
0:10
0:20
沢沿いの岩場
START & GOAL
乳岩峡登山口
亀淵川
乳岩川
飯田駅へ
鳳来湖
424
宇連川
宇連ダム
151
JR飯田線
三河川合駅
三遠南信自動車道
鳳来峡IC
151
474
大島川
新城駅へ
浜松いなさJCTへ
N
0
1km

ここは特撮の聖地か!? 活火山の魅力炸裂

ONTORE No. 17

Miharayama

三原山《みはらやま》

歩行距離｜約7.5km

難易度｜ 体力｜ 技術度｜

長短さまざまなコース取りが可能

熱海から船で45分の伊豆大島は、噴火を繰り返すことで形成された火山島。三原山は、その大島を形作った古い火山の山頂部が吹き飛んでできた大きなくぼみ（カルデラ）の中に、新たに噴火してできた火口の丘だ。１７７７年の大噴火の際にできたというから、まだ弱冠２４０歳。誕生後も30〜40年に一度程度の頻度で噴火を繰り返してきた、現役バリバリの活火山だ。直近では１９８６年に噴火しており、全島民避難のニュースは幼心に記憶がある。標高は７５８ｍと低山の部類だが、特異な火山景観は迫力があり、噴火と再生を繰り返す山麓の植生は変化に富んでいる。登山口は東西南北から複数あり、見所豊かに長短さまざまなコース取りができるのが魅力だ。ここでは最も一般的な「三原山頂口」を出発点に、火口をほぼ一

1

3

2

1. 山頂口の向こうには、伊豆半島が横たわる　2. 随所に噴火や溶岩等についての案内板がある　3. 避難用のシェルターが所々に　4. 三原山神社への参道は、珍しい下り坂

原始の時代の荒々しさ

4

周して大島温泉へ下るコースを紹介する。

　出発して土産物屋などを過ぎて左に曲がると、いきなり正面に三原山が現れる。外輪山の高みから三原山を望む展望台となっていて、広大なカルデラ床に低く広くそびえる独特な山容は原始の時代のような荒々しさがあり、見慣れた山岳風景とは違う感慨がある。斜面の中央付近に見えるいく筋かの黒い縦縞は、1986年の噴火時に溶岩が流れ出た跡だという。平らに見えている山頂部までは、舗装された広い遊歩道を進む。ゆっくり写真を撮りながら歩いても1時間足らずで着いた。道中、随所に解説版が設置され、避難用のシェルターも。登り始めて振り返ると、山頂口の背後に、伊豆半島が横たわる姿が見えた。少し曇っていたが、大室山の姿は特徴的で、矢筈山や遠笠山、天城山なども見渡せた。晴天時はさぞ見事だろう。さらに斜面を登ると、目の前に大き

な黒い岩。アグリチネートと呼ばれる、溶岩の塊だ。ここから火口一周コースのお鉢巡りがスタート。が、その前に三原山神社でお詣りを。下へ伸びる参道を降りると、1986年の噴火時にも奇跡的に溶岩流から免れた小さなお社があった。社殿の背後を見れば、確かに後2～30㎝のところで溶岩がピタリと止まり、向きが変わっている。

さて、お鉢巡りは反時計回りに進む。「火口見学道」との分岐を右手へ進むと舗装されていた道は未舗装路へ。平坦だった道は、最高点の三原新山へ向けて登りになる。この辺りから風が猛烈に強くなった。島特有の強風の通り道のようだ。登るにつれ南側の視界がだんだんと開け、利島や伊豆諸島の島々が

地中のマグマに大地の息吹を感じて

5

point

中央火孔の大きさは、直径約300～350m、深さ約200m。火口壁には柱状節理が見られる

6

5. 大迫力の中央火孔。1986年の噴火時には溶岩で満たされたという 6. 荒々しく垂直に切り立った東側の火口壁。右上の高みは剣ヶ峰

8

7

火山は
生きている
と実感

ここを下れば
温泉だ
10

9

7. 剣ヶ峰付近の火口壁から噴気があちこちから立ち上る　8. 青い海が周囲の景観を覆う様子は、火山島、三原山ならでは　9. 火口を取り囲む茶枯れた草。植生の回復は景観を彩る　10. 大島温泉方面へ下る　11. コース終盤はヤブツバキなどが茂る樹林をいく　12. 古い溶岩の上に根を這わせる樹木の姿。富士山の樹海を思わせる

うっすらと見えた。最高点である三原新山の南側を通りすぎると、いよいよ左手に大きな中央火口が姿を現す。複雑な色をした火口の壁からは白い噴気が立ち上り、地中で煮えたぎるマグマに計り知れない自然の力を思う。剣ヶ峰を過ぎると、眼下に裏砂漠と呼ばれる景色が見えてくる。黒い荒涼とした土地は強風の通りみちで植物が定着しにくく、砂漠的な光景が広がるようだ。剣ヶ峰を下ると、斜面からは噴気が一層沸き立ち、大地の息吹をさらに感じる。お鉢の北側へ回ると、中央火口越しに三原新山が。見る角度が変わると景観もまるで変わる。この先の分岐で火口一周ルートとは別れ、右手の大島温泉方面へ下る。目線の先には大島温泉ホテルの建物が見え、ホテル付近は樹海のように森が広がる。なだらかに伸びる外輪山のエッジも美しい。背後には青い海。三浦半島から房総半島方面もうっすら見えた。周囲は噴火から植生が回復している途上にある荒涼とした景観で、まるでどこか別の惑星にでも来たような不思議な雰囲気がある。テキサスルートとの分岐を過ぎると、温泉まではあと一息。やがてヤブツバキなどが茂る樹林へと変わり、ここを抜ければ温泉だ。歩いてきた三原山を眺めながら、湯に浸かる幸せを味わおう。

11

12

大島温泉《おおしまおんせん》ホテル

温泉と風呂からの眺めに癒されるひととき

温泉DATA

東京都大島町泉津木積場 3-5　☎ 04992-2-1673
利用時間／6：00～9：00 13：00～21：00
定休日／無休（年４回点検のため休業する）　料金／大人 800 円、小学生 400 円

三原山ハイキングコースのルート上にある大島温泉ホテルでは、日帰り入浴が楽しめる。三原山温泉は、地下約300mから69°C以上の温泉を組み上げた源泉かけ流し。筋肉痛や疲労回復、関節のこわばりなどに効果があるとされる単純温泉なので、歩いたあとは格別に違いない。風流露天風呂からは、何ひとつさえぎるもののない原生林越しに雄大な三原山を望む最高のロケーション。とびきりの開放感で、時の経つのも忘れてしまいそう。湯上りはホテル屋上にオープンした三原山テラスでリラックス。夜はこのテラスから満天の星空が眺められるとあれば、日帰りでなく宿泊して三原山を満喫したくなる。

course guide

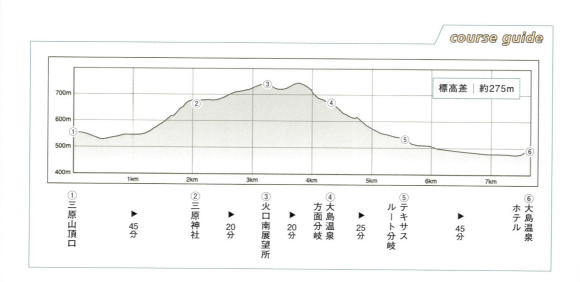

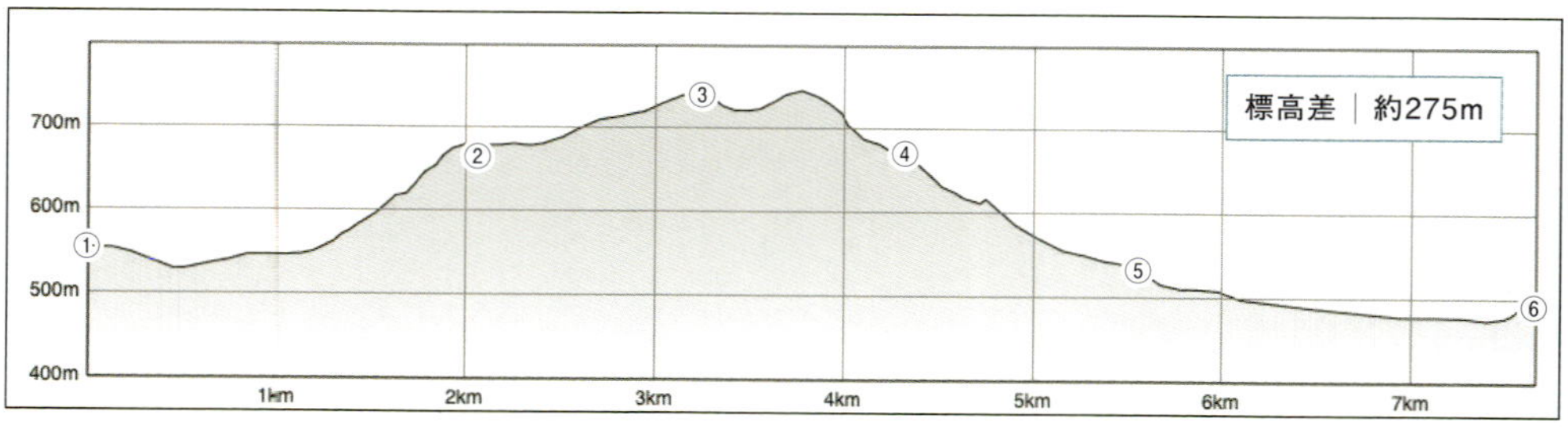

①三原山頂口 ▶45分 ②三原神社 ▶20分 ③火口南展望所 ▶20分 ④大島温泉方面分岐 ▶25分 ⑤テキサスルート分岐 ▶45分 ⑥大島温泉ホテル

access

三原山頂口までは、元町港及び岡田港から車で約30分。タクシー、バス、レンタカー、自転車の駐車スペース有。帰路大島温泉ホテルからはバス、タクシー利用。

絶景が待つ山頂へ
お弁当持って登ろう！

ONTORE No.18

玄岳《くろたけ》
Kurotake

歩行距離｜約8㎞

難易度｜ 体力｜ 技術度｜

なだらかな山肌で登りやすい人気ルート

伊豆半島は南からやって来た。南の深い海にあった火山島や海底火山が集まって、フィリピン海プレートに乗って北上し、本州へぶつかったのが200～100万年前のこと。100～60万年前に半島の形になり、60～20万年前に現在の伊豆半島になった。そこには大型の陸上火山がいくつかあったが、約70～30万年前に噴火した多賀火山が大きく浸食されて残った地形が玄岳だ。そのなだらかな姿は火山が風化・浸食されてできたからという。標高800m弱の玄岳は登山と呼ぶには低山で、登山というよりハイキングといった方が似合う山。短時間で登れるうえ、山頂からのビューが素晴らしく、ハイカーに人気の山だ。

JR伊東線来宮駅から、タクシーで登山道入り口まで行く。熱海梅園の梅は見頃を迎え、駅

1.JR 熱海駅からもバスが出ている。所要時間約20分で来れるが、バスの本数が少ないので事前にチェックして　2. 入口と書かれた看板から登山口まで約20分、急坂が続く　3. 青竹が涼しげ

周辺は観光客で賑わっていた。「玄岳ハイクコース入口」バス停でタクシーを降りる。熱海駅からもバスで行けるが、本数は少ないので注意したい。

バス停から登山口までは住宅街の中を登って行くが、この登りがなかなかキツイ。今回最大の難所、と言っても過言でないほどの急坂だ。次第に周囲の住宅が減りはじめると、ようやく登山口に到着。ここまでバス停から約20分。はじめは左手に竹林が続くなだらかな道。早春の今は落ち葉を踏みながら歩くが、初夏は青竹がさぞや涼しげに揺れるのだろうと推察する。途中『自然は友達』と書かれた大きな看板が立っていた。その看板には「現在地標高350m頂上まで2・5km　所要時間約90分」とある。景色は竹から笹へ。ゆるやかな登りで、粘土質の土の山で歩きやすい。「冬の陽だまりハイクですね。まさに温暖な静岡らしいハイキング日和」とガイドさん。

温暖な静岡だから楽しめる冬のハイク

4. むかしこの上に洞があり、近くの大石に才槌が彫ってあったからこの名がついたという　5. スズランのような、かわいらしい花をつけるアセビ　6. ササが多い玄岳。時には足元が見えないほど

玄岳山頂
799.2m
この景色も
ご馳走だね

7. 山頂手前のササ原で振り返ると雄大な景色が広がっていた　8. 山頂からの豪快なビュー。海原にポツンと初島　9. 広々してフラットなピークでお弁当タイム

歩き始めて30分もすると、梢の向こうにガードレールが見えて来る。伊豆スカイラインの上にかかる橋を渡り「才槌の洞」を通過。道は山肌を回り込むように続き、眼下に景色が広がるスポットもある。つづら折の山道に飽きて、道端に花を探す。花の色の少ない季節はちょっとさびしいが、見上げた先にアセビの白い小さな花を見つけて嬉しくなる。樹林帯を抜けると、今度は見わたす限りのササ原だ。腰上まで伸びるササで足元も見えない。玄岳のピークが左手に見えればあと一息。

山頂は北と南に大きく開け、フラットで開放感たっぷり。富士山を正面に視線を右へ移すと奥には箱根の駒ケ岳、手前には十国峠から熱海市街。さらに南側には正面に熱海城、相模湾に伸びた真鶴半島、初島、宇佐美海岸まできれいに見渡せる。左手には愛鷹山連峰、手前には沼津アルプス、田方平野と、ほぼ360度の絶景が広がってい

10

る。日差しがあって暖かいので、ここでお弁当タイムを大いに楽しんだ。

　帰路は函南方面へ下りる。ササ原の中の急斜面は補助のロープがなければ滑って転びそう。山頂から10分も歩かないうち、伊豆スカイラインに出た。すぐそばに西丹那駐車場が見える。車に注意して道路を横切り、駐車場と逆方向に少し歩くと、下りの道がある。看板がなく、かなり分かりにくいので注意したい。それが氷ヶ池に続く道だ。氷ヶ池には氷が張っていた。1月下旬とはいえ、10℃近い気温でしかも日も当たっているのに、厚さ1㎝くらいの氷が張っている。それが名前の所以だろう。製氷機がない時代、ここから氷を切り出して熱海に運び出していたという話を、ジオガイドさんから聞いたことがある。

　氷ヶ池をあとにして登山道を進み、ササから解放されて植林の森へ。スラッと空に向かって伸びるヒノキの森を過ぎると、木々の間に苔むした巨石が転がる杉林。低山とはいえ、多彩な景観で歩く人を飽きさせない玄岳は、とても魅力のある山だった。山を下りると丹那盆地ののどかな酪農風景の中、ウシが迎えてくれた。

10. 帰路は丹那盆地に向かって下る。雲に隠れていた富士山が顔を出す　11・12. 玄岳の北にある氷ヶ池は、名前の通り、冬場に氷がはる池。冬場の出稼ぎとして、函南の酪農家は明治・大正時代にこの池の氷を切りだして熱海の旅館に運んでいたといわれる 13. 気持ちよく伸びた植林の森を行く　14. 函南に下りるとあちこちに牧場が

氷ヶ池の向こうに富士山が顔をだす

11

13

おつかれさ〜ん

14

意外と厚い氷だよ

12

よく歩いたあとは… 温泉へ　　　　　　　　　　　　　　　　　　［玄岳］

湯〜トピアかんなみ
ゆ〜とぴあかんなみ

季節の変わり湯と食事が楽しみなテーマパーク

温泉DATA

田方郡函南町柏谷259　☎ 055-970-0001　利用時間／10：00〜21：00　定休日／火曜日及び1月1日（火曜日が祝日の場合は翌平日）　料金／700円（子ども300円）※3時間制

　湯〜トピアかんなみは函南町の天然温泉を使った温泉テーマパーク。小高い丘の上に建てられた施設からは、富士山・箱根連山が見わたせ、広々とした露天風呂では気持ちの良い入浴が楽しめる。泉質は、低張性・アルカリ高温泉。さっぱりとした泉質で、歩いた後に汗を流すのに最適だ。湯量が豊富なため、すべてのお湯を毎日入替え、常時浴槽への源泉水を掛け流しているそうで、清潔感のある設備に好感が持てる。毎月26日の「フロの日」には月ごとの季節に合わせた変わり湯を用意しており、訪ねた冬の時期には柚子湯が用意されていた。レストランでは、スタッフが栽培したそば粉で打った手打ちそばや、コスパの良い天丼など、地元食材を使った料理もいただける。

course guide

標高差｜約600m

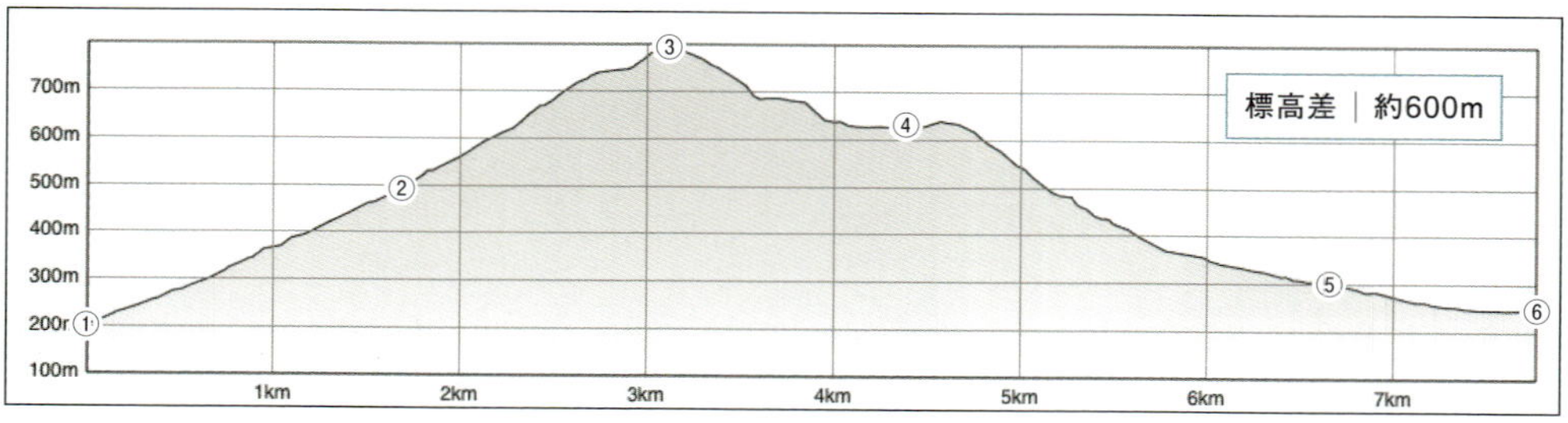

① 玄岳ハイクコースバス停 ▶ 50分 ② 才槌の洞 ▶ 50分 ③ 玄岳 ▶ 25分 ④ 氷ケ池 ▶ 50分 ⑤ 熱函道路横断 ▶ 25分 ⑥ 丹那断層公園

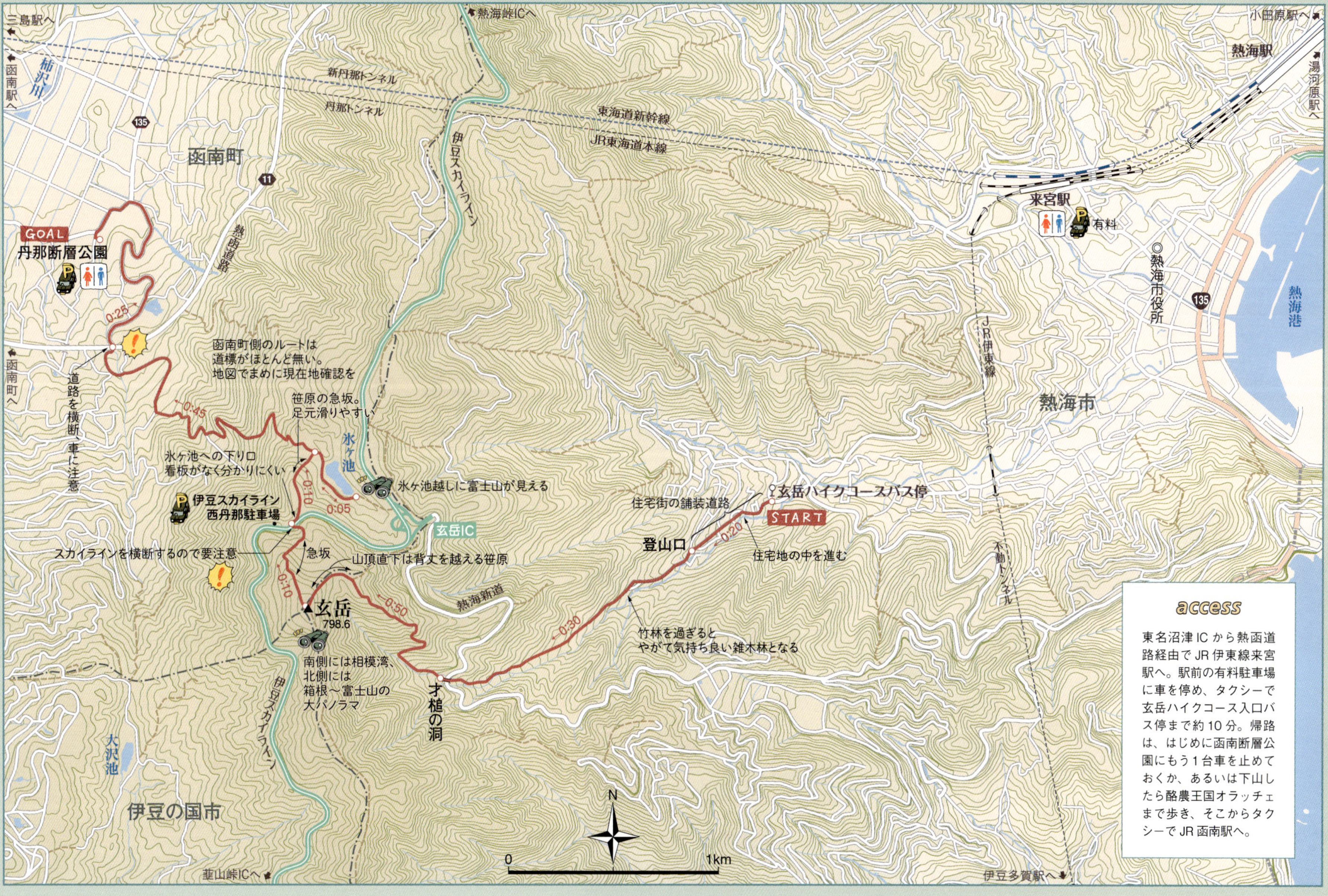

access

東名沼津 IC から熱函道路経由で JR 伊東線来宮駅へ。駅前の有料駐車場に車を停め、タクシーで玄岳ハイクコース入口バス停まで約 10 分。帰路は、はじめに函南断層公園にもう 1 台車を止めておくか、あるいは下山したら酪農王国オラッチェまで歩き、そこからタクシーで JR 函南駅へ。

伊豆の真ん中を実感する 陸上火山の上からヤッホー

ONTORE No. 19

Chokurouyama

長九郎山《ちょうくろうやま》

歩行距離｜約13㎞

難易度｜ 体力｜ 技術度｜★★

登山口は苔むした石仏が並ぶ古刹

約2000万年前、伊豆は本州から数百キロ南にあり、深い海の底で活動する海底火山群だった。それがフィリピン海プレートに乗って北へ移動し、100万年前ほどに本州に衝突。現在のような半島になったのが約60万年前のこと。半島ではあちこちで噴火が起き、天城火山（天城山）、達磨火山（達磨山）など大型の火山ができた。長九郎火山（長九郎山）も陸上火山の一つだ。松崎町の北東にそびえる山で、新緑のころに原生林を彩るアマギシャクナゲで知られる。

「21世紀の森」として整備された富貴野山山頂の宝蔵院に登山口がある。宝蔵院の広い駐車場には車が1台止まっているだけ。花の時期ではないので登山者も少ないのだろうか。弘法大師により開かれたという古刹の参道には苔むした石仏が並んで

石仏ヒューヒュー!

1

クロモジも紅葉するんだ!

2

3

いる。ここ、富貴野山が標高564mで長九郎山は995・7m。430mぐらいを登ればいいだけか、と頭の中で計算していると、「標高差はそれほどないですが、距離はそこそこあります」とガイドさんが言う。標識にも山頂まで3時間と書かれている。

　最初はなだらかな林道歩き。スラリと伸びたスギの間を行く。2週間後にトレイルランニングレースが長九郎山周辺で行われるようで、コーステープがところどころに張ってある。歩き始めて1時間ほどして、道標に「池代」の文字が。道は少しアップダウンが出てくるがきつくはない。

　暗い森でひときわ目立つのは黄色く紅葉したクロモジだ。この山にはクロモジの木が多い。そのうちに森はスギからヒノキになり、山肌を巻くように歩いていく。道端には炭焼き場跡の石垣があったりする。時おり林の間から海が見えるのが伊豆ならではだ。

シャクナゲの季節はピンクに彩られる

4

1. 苔の付き方でかつらに見えたりヒゲに見えたり、愛嬌のある石仏もちらほら　2. 黄色に紅葉したクロモジで森が明るく感じる　3. ここまでは比較的なだらかな山道　4. 途中で裸地化地帯を通過する　5. 八瀬峠からの眺めを満喫する

5

6. 道標や案内看板が多く、歩きやすい　7. 上りの終盤、少し坂道に　8. 山頂にある展望台にあがると360度パノラマが広がる。周囲の山々を見渡すと、伊豆のど真ん中にいることがよくわかる　9. 池代に下るコースには巨石が多い

6

7

八瀬峠を過ぎると、これまでは植林帯だったが、標高900mを超えて植生が変わり、赤い実をつけたシロダモ、タブノキやツルッとした茶色の木肌を見せるヒメシャラなど広葉樹の森になる。さらに歩いて気がつくと、アマギシャクナゲの群生が続く道になっていた。花の見頃となる4月〜5月に登るハイカーが圧倒的に多いそう。シャクナゲの木が途切れると今度はアセビの群生だ。

行く手に大きな鉄塔が見えてきた。そこが山頂の展望台なのだが、木々に囲まれていて、下からはまったく眺望がとれない。錆びついた階段をこわごわ上ってみると、鉄塔の上には素晴らしい景色が待っていた。駿河湾や松崎の町、達磨山や天城山、東伊豆の風力発電も見える360度の大パノラマ。雲は多いものの、豪快な眺めに笑顔になる。晴れていれば富士山も見えるそうだ。展望台の上で昼食を取りながら景色を存分に楽しんだ。

帰りは池代へ下山する。石がゴロゴロして歩きにくい。たまに巨岩が姿を現す。巨石に絡みつくように根を張った木は不思

point

展望台の上からは天気が良ければ富士山も見える。が、雲が多くて残念無念

8

巨石の陰に石仏が！

9

11

下りはなぜか
長く感じる。
おかしいねぇ

10

議な光景。これは岩の苔に、落ちてきた鳥の糞などから種が付いて芽を出し、大きな木に育ったのではないか、と後から松崎のジオガイドさんに聞いた。山道を下りていったん林道に出ると、せせらぎが聞こえてきた。持草川上流にはわさび田がいくつも見られる。長九郎山の麓、池代地区のわさび田は、山から染み出た湧水を使っている。火山の噴出物にはすき間や割れ目が多く、そこに雨が降って水が染み込み、地下水がたくわえられる。水温が一年中安定した長九郎山の湧水がわさびを育てるのだ。

沢沿いに30分くらい下ってようやく舗装された林道に。さらに1時間30分、ひたすら下って池代のバス停に到着した。池代から登る場合、林道ゲートまで車で行けなくもないが、道路は狭く、落石も多い。池代バス停から歩いたほうがいいだろう。

水湧き、水清き、長九郎は火山の山

12

13

きれいな
わさび田
だね〜

14

10. 巨木というほどでもないが時々こんな木が現れる　11. ヒメシャラの木が多い赤い森。変化に富んだ植生で、歩いていて飽きない　12. 沢の音が聞こえてきた　13. 沢沿いに道がついている　14. だいぶ下ったころ、わさび田が出現。ということは湧水か！　15. 林道を下りきり、池代に着く頃には日が落ちかけていた　16. 池代川を眺めながら国道へ向かう

15

16

大沢温泉

大沢荘 山の家《おおさわそう やまのいえ》

大地の恵みをたっぷり味わう
熱々のご褒美温泉

温泉DATA

松崎町大沢川之本445-4　☎0558-43-0031
利用時間／8：00～21：00（5～8月）9：00～21：00（9～4月）　定休日／なし（メンテナンス休館あり）　料金／大人500円、子供300円

静かな山間の豊かな緑と那賀川の清流が美しい大沢温泉。山の家はこの那賀川沿いにある小さな温泉だ。男女の浴槽を仕切る壁の下から、空気に触れることなく注がれている源泉は、伊豆でも珍しい自噴泉。毎分150～180ℓのお湯がボコッ、ボコボコッ、と力強く湧き出ている。岩盤をそのまま生かした湯船に浸かれば、まさに大地のエネルギーに身体ごと包まれる至福の時間を味わえる。泉質はカルシウム - ナトリウム硫酸塩泉、お湯の温度は43度と熱めだが、「化粧の湯」と呼ばれるだけあって、湯上りのさらりとした肌の感触は忘れがたい。那賀川のせせらぎを聞きながらの入浴は、疲れた体に何よりのご褒美だ。

course guide

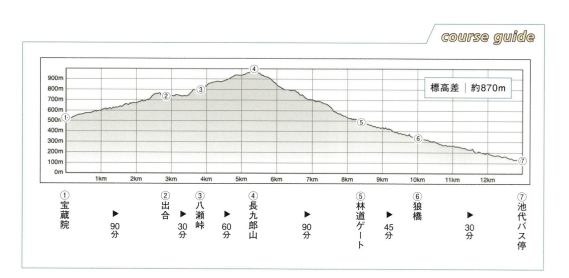

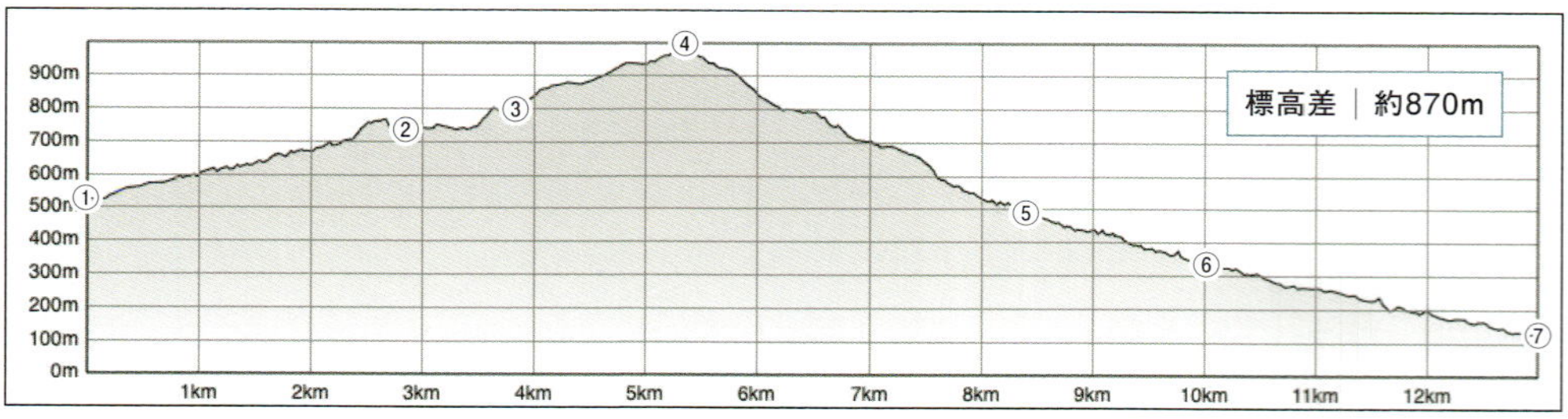

①宝蔵院 ▶ 90分 ②出合 ▶ 30分 ③八瀬峠 ▶ 60分 ④長九郎山 ▶ 90分 ⑤林道ゲート ▶ 45分 ⑥狼橋 ▶ 30分 ⑦池代バス停

access

東名沼津ICから伊豆縦貫道経由で松崎経由、約90分。松崎町中心部より県道15号線を下田方面へ。富貴野山21世紀の森駐車場まで約30分。帰路は長九郎登山口バス停からバスで山の家バス停までもどり、山の家でタクシーを呼び、富貴野山21世紀の森駐車場に戻る。

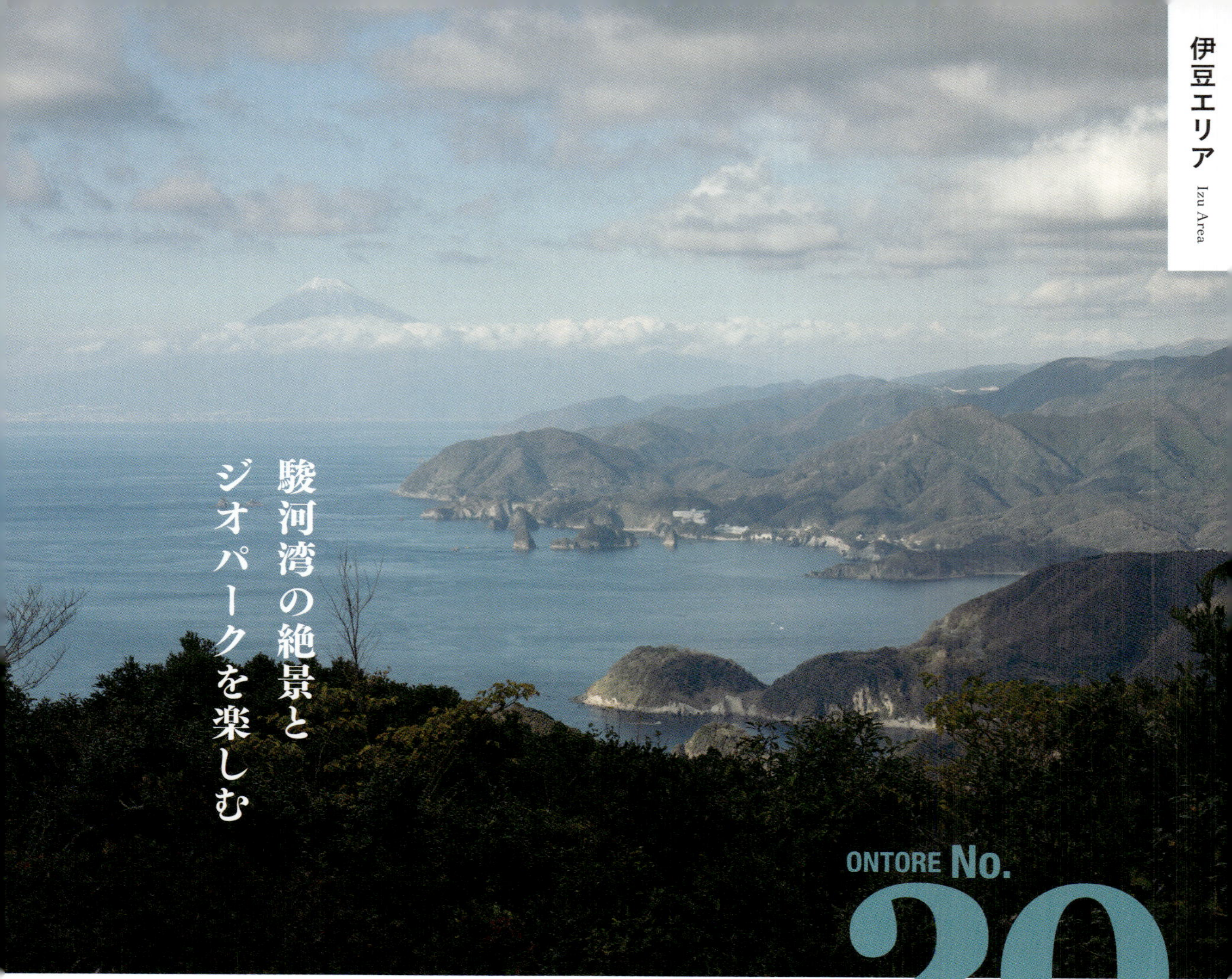

駿河湾の絶景と
ジオパークを楽しむ

ONTORE No.
20

高通山《たかとおりやま》

Takatouriyama

歩行距離｜約10km

難易度｜　体力｜　技術度｜

海からの絶景に思わず歓声があがる

海の景色を楽しめる低山といえば、伊豆半島の山々だ。松崎町の雲見にある高通山もその一つ。標高は５１６ｍだが、ルート次第でその魅力は何倍にも膨らむというので、ガイドさんお薦めのコースを行くことにした。出発は雲見港。港に駐車場があり（シーズン中は有料）、トイレなども整備されている。

さっそく山に向かうかと思いきや「いえ、先にこちらに」と、ガイドさんが指したのは、烏帽子を海辺にちょこんと置いたような形をした烏帽子山。先っぽの尖った所にイワナガヒメをご祭神とする雲見浅間神社が祀られており、神様の山として大切にされている。今日の安全をお願いがてら参拝しようというわけで、鳥居をくぐるとすぐにある階段を上って拝殿に。その裏手から、さらに３２０段ほどがまっすぐに中之宮に向かって

point
波勝崎から烏帽子山までの岩石海岸は、かつては火山の地下にあった「火山の根」

2

1

1. 延々と続く急階段に、心も折れそうに　2. 階段が終わると烏帽子山本来の岩肌が露わになる　3. 本殿の少し上には展望台が。ここに上れば、駿河湾の素晴らしい絶景が見わたせる　4. 今日のゴールになる千貫門が真下に見える。海の色は美しいヒスイ色

4

3

荒々しい姿の山々に、大地の力を感じる

いるのだが、これがちょっと圧倒されるほどの急階段。女性の足でも半分くらいしか乗らないほど1段の幅が狭く、おまけに傾いているところも多いので注意が必要だ。ようやく上りきって中之宮から10分ほど山道を歩くと、本殿のある頂上に。展望台から北西方面には晴れていれば堂ヶ島、さらに駿河湾越しの富士山もきれいに見える。南側には千貫門と雲見の集落が見下ろせる。エメラルドグリーンの海が美しい。

さて、烏帽子山を下ったら、雲見港から民宿の立ち並ぶ太田川沿いの路地を通って雲見オートキャンプ場方面へ。一般道路だが緩やかな登りが続き、田畑の風景を楽しみながらのんびり歩ける。雲見キャンプ場登山口からは、しばらく照葉樹林の多い赤土の道を踏みしめていく。30分ほどで巨岩の多い地帯に入り、二つの大岩が並ぶ猿岩休憩所に到着。低山と侮るなかれ、距離は短いが海岸線からグッとせりあがっているため、斜面は

5. 登山口はキャンプ場からすぐ
6. しばらく登ると、巨岩がごろごろしている場所に出る

5

6

7

目の前に広がる海、心地よい風に身を任せて

そこそこきつい。岩場を抜けてさらに登ると前方が明るくなってきた。辺りはアオキの林になり、そこを抜けると頂上手前の北側展望台に到着。駿河湾の全景が目の前に！長九郎山、西天城高原、達磨山といった西伊豆の山々はもちろん、駿河湾を挟んで富士山、毛無山、竜爪山、高草山、その背後にそびえる南アルプスも遥かに見わたせる。先ほど登ったばかりの烏帽子山も下方に見えていた。山と海の織りなす壮大な眺めに、しばし時を忘れて釘付けになる。頂上は100mほど先で、ここからは南側の景色が広がる。下りは案内板に従って高通公園へ。階段が整備され、あっという間に下りられるのは低山ならではだ。公園から国道136号線の旧道を道なりに進むと車道に出る。数十mも歩けば雲見オートキャンプ場の看板が見えるので、そこを左折。太田川を渡り、千貫門への入り口に出る。

千貫門はかつて海底火山の地下にあった「マグマの通り道」が地上に姿を現した「火山の根」の一部だ。岩の中央に海食洞があり、烏帽子山に祀られている雲見浅間神社の門に見立てられ

8

7. 頂上はここからまだ少し先だけれど、この展望台で昼食をとることに　8. 下りものんびりなのがうれしい　9. 再び雲見の港に向かう旧道沿いに岩を掘った中にお地蔵さんが！　10. 今登ってきた高通山。照葉樹が多く、冬でも緑が濃い

9

10

11

12

11. 千貫門に向かい合う海岸の絶壁。黄金色が鮮やか　12. コースの始めに上った烏帽子山が海の中にタワーのようにそびえている　13. 季節によっては千貫門の海食洞に夕陽が落ちるところを見られるとか　14 雲見の民宿街

pick up

千貫門のある海岸ではサンゴの化石やハコフグのミイラ、バテイラの貝殻などを見つけた

13

point

潮の流れも速く、危険なため遊泳は禁止だそう。荘厳な美しさを楽しもう

まさに、値千貫!!

14

て「浅間門」と呼ばれていたそうだ。「見る価値が千貫に値する」という意味から現在では千貫門と呼ばれている。地元の人たちにとってはこの千貫門のある海岸はご神域で、かつてはおいそれと遊びにくるような場所ではなかったと聞く。海岸に下りると背後の岸壁は一面、黄金色の岩肌。エメラルド色の波と相まって、黒々とそびえる千貫門の姿をいっそう神々しく照らし出している。世界ジオパークにも認定された伊豆の地質の面白さ、自然の豊かさを感じられるルートで、低山ながら感動の歩きとなった。

よく歩いたあとは…温泉へ

[高通山]

御宿 しんしま
おんやど しんしま

源泉かけ流しのお湯で肌しっとり

温泉DATA

賀茂郡松崎町宮内284　☎0558-42-0236
利用時間／15：00〜20：00　定休日／7〜9月、年末年始、GW4/28〜5/6　料金／内湯 大人750円、子供350円※利用時間／1時間　貸し切り露天風呂 大人1000円、子供350円※利用時間45分

松崎港のほど近く、那賀川沿いにたたずむ温泉宿。源泉、かけ流しのお湯は肌がしっとりとし、湯上りには体がぽかぽか。内湯の湯船には青緑がかった色が特徴的な「伊豆石」を使用。これは伊豆半島が海底火山だったころに生れた石で、昔は半島のあちこちで採れたが、いまは採掘されていない貴重なものだそう。伊豆石の遠赤外線効果でさらに体の芯から温まる。貸し切り露天風呂「桜の湯」は、桜の葉を塩漬けするときに使う「大樽」と同じサイズのわっぱを使い、桜葉が特産の松崎ならではの湯船といえる。ご主人の佐野勇人さんは伊豆半島ジオパーク認定ジオガイドさんでもあり化石探し名人。伊豆半島の地形についていろいろ教えてくれる。

course guide

標高差｜約515m

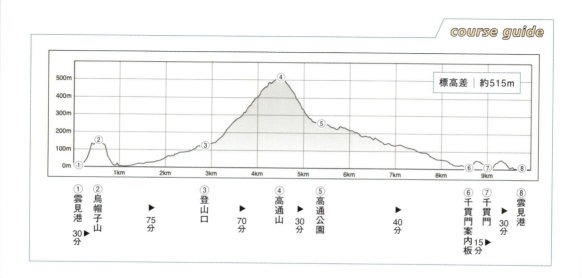

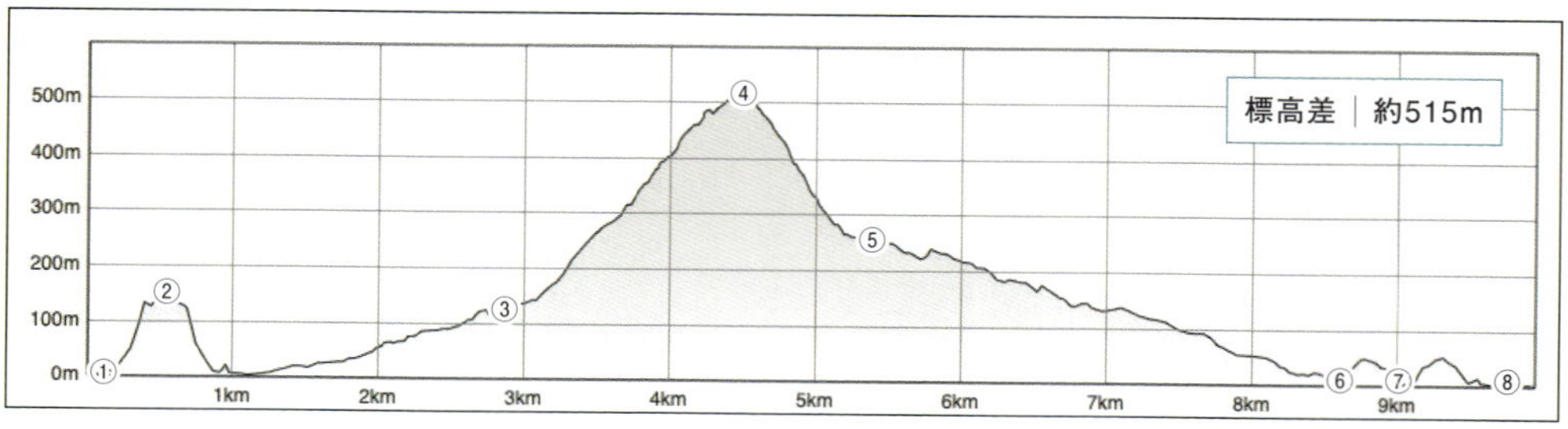

①雲見港 30分 ▶ ②烏帽子山 75分 ▶ ③登山口 70分 ▶ ④高通山 30分 ▶ ⑤高通公園 40分 ▶ ⑥千貫門案内板 15分 ▶ ⑦千貫門 30分 ▶ ⑧雲見港

access

東名沼津 IC から伊豆縦貫道経由で松崎経由、約 90 分。雲見漁港に車を止める（夏季は有料）

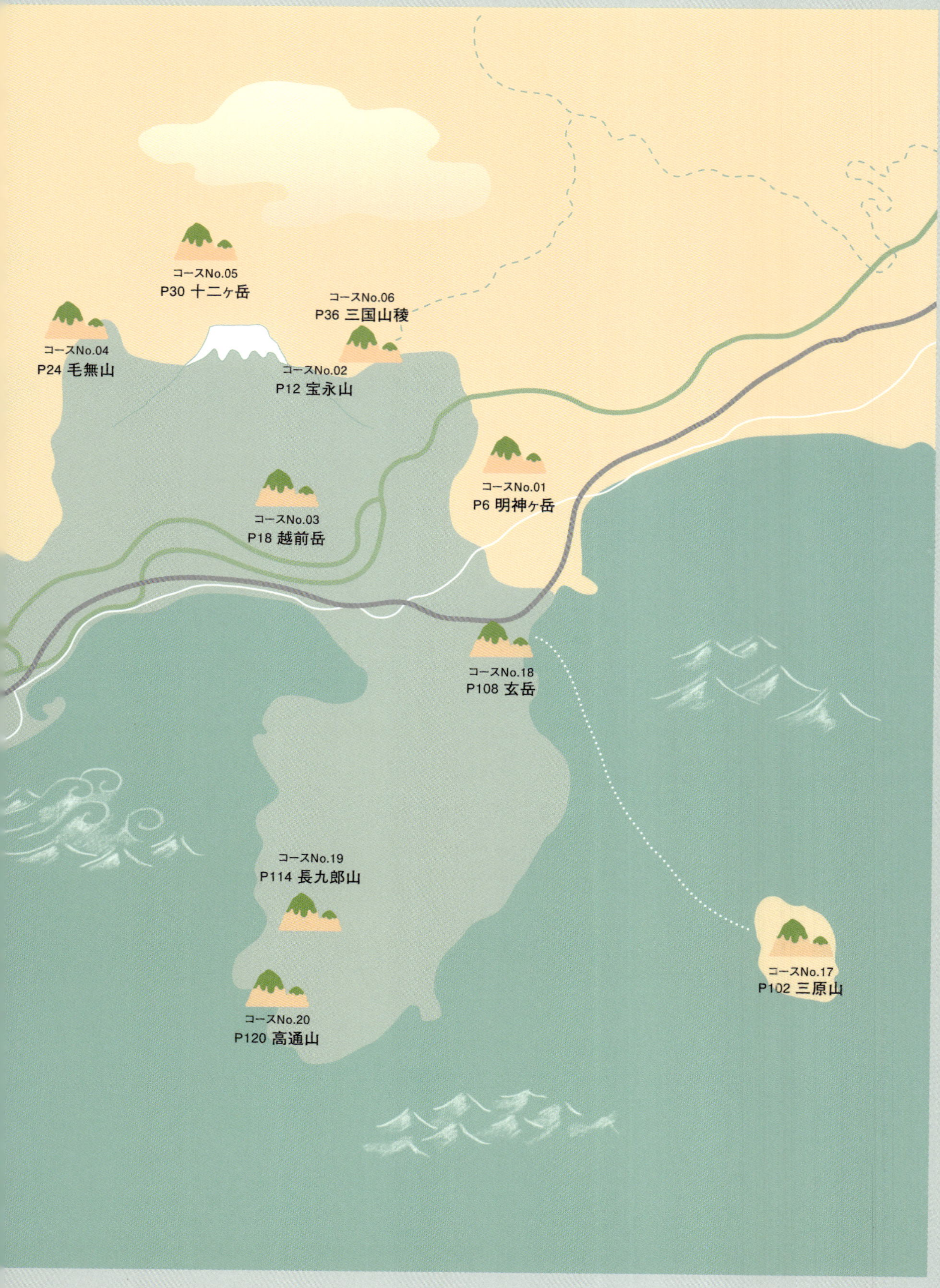
コースNo.05
P30 十二ヶ岳
コースNo.06
P36 三国山稜
コースNo.04
P24 毛無山
コースNo.02
P12 宝永山
コースNo.01
P6 明神ヶ岳
コースNo.03
P18 越前岳
コースNo.18
P108 玄岳
コースNo.19
P114 長九郎山
コースNo.17
P102 三原山
コースNo.20
P120 高通山

この本で紹介した

山マップ

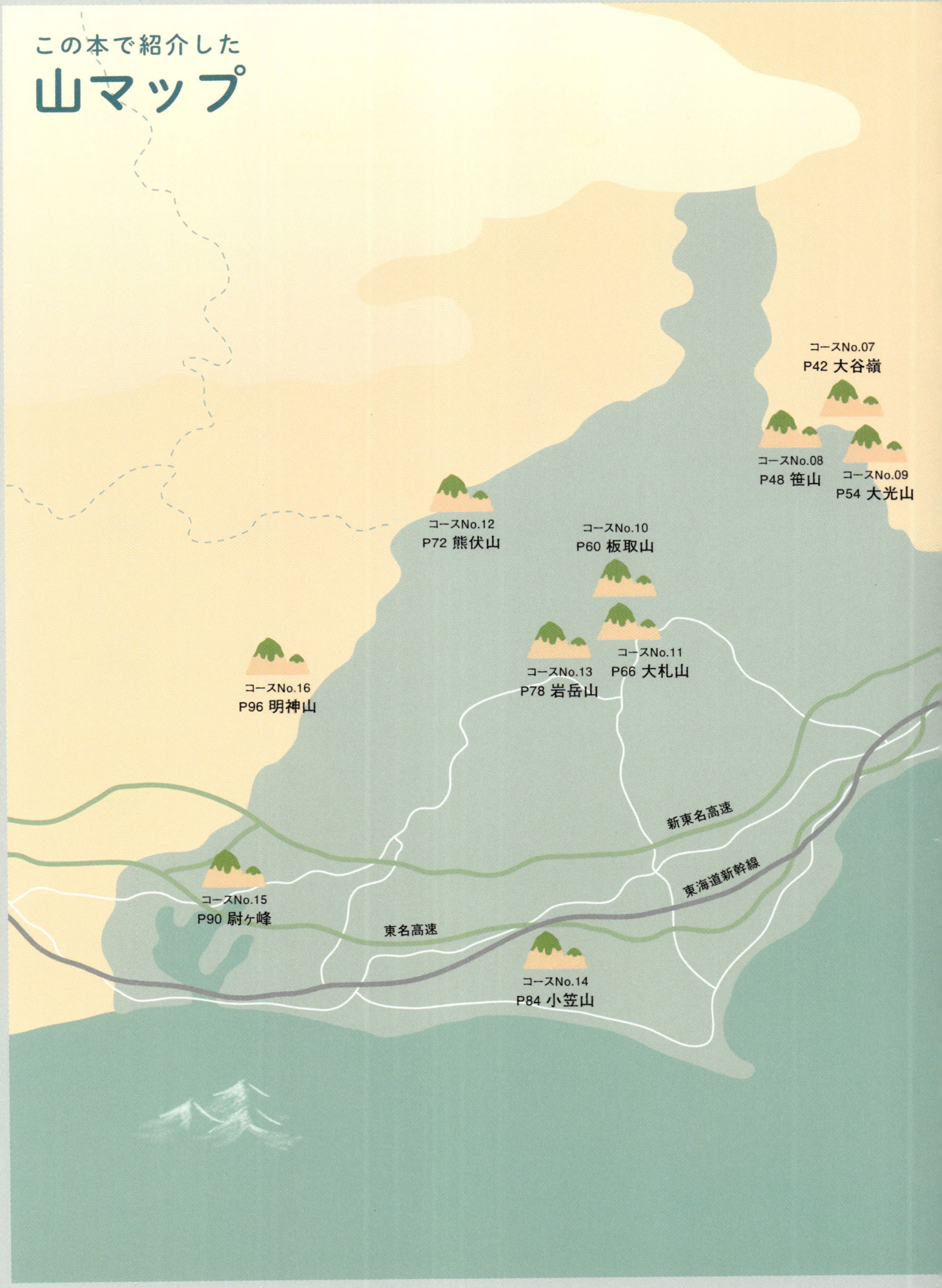

日帰り！
温泉＆トレッキングガイド

2019年3月15日　初版発行
2022年6月20日　第2刷発行

発行者
大須賀紳晃

発行所
静岡新聞社
〒422-8033 静岡市駿河区登呂3-1-1
電話 054-284-1666

企画・編集
静岡新聞社出版部

監修
スタジオやまもり 鈴木渉

ブックデザイン
塚田雄太

撮影
鈴木渉

地図
河合理佳

印刷・製本
三松堂株式会社

ISBN978-4-7838-2610-1 C0026

＊乱丁・落丁本はお取り替えいたします。
＊定価はカバーに表示してあります。